JN237744

図解❖【Excel対応】

ケースでわかる
不動産DCF法

不動産鑑定士・公認会計士
塚本 勲

東洋経済新報社

まえがき

　2001年に『図とケースでわかる不動産DCF法』の初版を出版し、2003年に増補版を出版している。これらの本では不動産の収益から元本としての不動産の価値を求めるためには数値表を適用して収益計算を行った。これらの本は不動産のDCF法の考え方を説明することが目的で書かれていた。その中では不動産の正しい価値を求めるには不動産から得られる純収益（キャッシュフロー）を重視して分析することが重要であると説明した。

　今回出版する本書は、2001年に出版した『図とケースでわかる不動産DCF法』の内容と本質的に変わるものではないが、数値表を利用し計算していたのとは異なりExcelの関数計算を利用して不動産の価値を求める手法を説明している点が大きく変わったところである。適用している割引率等は現状の経済情勢から適切な比率を使用して計算例を示している。

　アメリカでは不動産の収益価格を求めるため長い間ヒューレット・パッカードの小型計算器HP12Cを利用していたが、日本ではHP12Cの卓上計算器は一般に普及しなかった。そのため、日本では不動産の収益価格を求める手法が多くの人には理解されてない状態が続いていた。2001年に出版した本の中でもHP12Cは使用せず数値表からの数値を採用してDCF法を解説した。

　アメリカでもこの卓上計算器が使用される以前は不動産の収益価格を求めることは難しいとされていた。収益価格を求めるためにEllwoodの方式とかJファクター、Kファクターを適用して求めなければならず、収益用不動産の鑑定評価は特別に難しいものと考えられていた。そのため、収益用不動産を専門に評価する不動産鑑定はMAI（Member of Appraisal Institute）が担当し、住宅用不動産を専門に評価する不動産鑑定はSRA（Senior

Residential Appraiser）が専門とされていた。

　HP12Cの卓上計算器が一般に利用されるようになり、収益計算が容易にできるようになって、不動産の収益価格は多くの人に容易に理解されるようになった。その後、パソコンが普及し利用されるようになり、不動産の収益を分析するために、現在ではパソコンの計算ソフトExcelが使用されている。

　前述したように本書の内容は12年前の本と比較すると本質的には異なるものではないが、経済状況の変動を考慮して使用する数値を一部変更している。以前に比較すると銀行の貸出金利も幾分低くなっているので不動産の収益からの利回りも若干低くなっていると認められる。本書で全く変わったのは、収益価格を求めるために数値表を適用していたのをExcelの関数を利用することに変えたことである。

　不動産を評価するためには、三種類の評価手法がある。原価法、取引事例比較法、収益還元法である。収益用不動産の価値を評価するためには、DCF法を適用して収益価格を求めることになるが、原価法と取引事例比較法も不動産鑑定には重要な手法である。これらの評価方式についてもその問題点を収益価格と関連して簡単に説明する。

　不動産の賃貸収入から求められる資金収支（キャッシュフロー）を還元し不動産の価値を正しく測定する。そのためにはまず、賃貸収入から必要経費を控除して将来における各年度の純収益を適正に求めることが必要である。

　次に各年度に予測される純収益を還元して元本としての不動産の価値を求める。純収益を還元するために割引率を合理的で適正に査定することが重要である。割引率に差異があれば、不動産の価格も大きく変わってくる。したがって割引率と還元利回りをどのように求めるべきかについても説明する。

　不動産の適正な価値を測定することは、不動産を売買する際に必要とされるが、それとともに不動産の担保価値を判断する場合にも重要なことで

ある。また不動産に係る諸々の税金を適正に計算するために課税する客体として不動産の価値が適正に求められるべきである。不動産の正しい価値を測定することは日本の経済を健全に発展させるために必要なことである。

過去において日本の土地価格は将来常に値上りするものと考えられた時期があった。高いと思われた価格でも、しばらくすると安い価格となったこともある。その時期では土地価格はあまり厳密に測定する必要はなかった。したがって不動産に課税する諸々の税金を計算する前提となる不動産の価格もある程度適当なものでも通用していた。

しかし最近では課税する不動産の価格は高額なものとなっており、不動産の所有者の税負担も大きくなっている。このため課税する不動産の価値は適正なものとして納税者に納得される評価をすることが大事である。

バブル経済が崩壊し土地価格は大幅な値下りが生じたこともあり、土地の価格が今後、過去において大幅な値上りがあった時期のような値上りは期待できない。

日本の企業は工場を海外に移転する状況にあり、国内では工場の閉鎖が多く見られる。工場地の価格が下落するとともに工場の生産活動に依存していた周辺地域において不動産の価格が値下りすることも予測される。工場跡地が売却されると土地の供給が増加し、工場の活動に依存していた地域の土地価格が下落することもあり得る。

不動産の現在価値を適正に求めるためには将来の価格の変動を適切に予測することが重要である。将来、大幅に値上りすることを期待して求めた将来の収入を現在価値に割り戻すことは危険である。また将来大幅な値下りが発生すると予測することは、よほど根拠のある現象がない限り誤った結論をもたらす恐れもある。

不動産の適正な価格を正確に査定することは難しいことである。たまたま周辺の土地が高くまたは異常に安く売買されたとしても、その価格が適正な価格であったという保証はない。土地の取引価格には売主と買主の立場によって異常な価格になることもあり、一概に売買された土地の取引価

格に振り回されることは危険である。

　自由経済社会において不動産の果たすべき役割は大きいので、不動産の価値を適正に測定して経済活動が正常に運営できるようにすることは日本の経済を健全に発展させるために重要であると信じる。

　そのためにも本書が少しでもその役に立つことができれば幸いである。

　　　　　　　　　　　　　　　　　　　　　　　　　塚本　勲

目次

まえがき　3

第1章
DCF法とは何か　11

1　DCF法の考え方　12
2　将来の収入を現在価値に割り引く考え方　16
3　なぜDCF法が必要なのか　18
4　キャッシュフローの重視　29
5　DCF法の適用できない不動産　31

第2章
DCF法を適用する収益還元法　33

1　DCF法を適用する収益還元法の説明と計算例　34
2　毎年の純収益が赤字の場合の収益価格　41
3　DCF法と比率法の考え方　45
4　比率法の考え方　46
5　純収益が変動する場合のDCF法の適用　51

第3章
割引率と還元利回り　55

1　割引率の査定　57
2　割引率の考え方　60

3　割引率の簡単な仕組み　62
4　割引率と還元利回りの関係　63
5　金融機関の立場から求める還元利回り　70
6　不動産投資家の投資利回り　74
7　不動産市場から求める還元利回り　76
8　GIMから求められる還元利回り　78

第4章
不動産の種類による評価法　81

1　不動産の2つの種類：収益用不動産と居住用不動産　82
2　取引事例比較法　87
3　原価法　90
4　収益還元法　92
5　GRM分析法　94

第5章
DCF法による不動産価値の測定方法　97

1　純収益の求め方　98
2　設例による賃貸マンションの営業収支　103
3　将来における不動産の価値の予測　115
4　賃貸マンションのDCF法で求める収益価格　121

第6章
販売用不動産に対するDCF法の適用　123

1　設例による分譲マンション用地の時価評価　125
2　将来、国道のバイパスに接面する土地　130

第7章
DCF法の適用と比率法   133

1 オフィスビルの設例による適用例　　134
2 比率法を適用して求める収益価格　　140

第8章
建物価値の評価に係る問題点   145

1 原価法で建物を評価する際の問題点　　146
2 相続税、固定資産税、都市計画税の適正な課税　　148
3 取引事例比較法と収益還元法による建物価値の評価　　150

第9章
不動産の投資分析   153

1 不動産投資の採算計算に利用する純投資価値　NPV　　155
2 不動産投資の投資収益率　IRR　　170

第10章
投資家の投資持分に対する分析   175

1 不動産投資家の投資持分を分析するための前提条件　　177
2 不動産投資家の投資持分に対応する資金収支（Cash Flow）　　179
3 不動産投資家が期待する投資利回りに対する検討　　182
4 不動産投資家の投資持分に対する投資収益率　　184

あとがき　　187

第1章 DCF法とは何か

不動産評価におけるDCF法を端的に表現すると、評価対象不動産から将来得られる家賃などのキャッシュフローを現在の価値に割り引いた（ディスカウントした）額を合計した金額をその不動産の評価額とするというものである。

　このDCF法（ディスカウンテッド・キャッシュフロー・アナリシス；Discounted Cash Flow Analysis）は収益用不動産を測定する方法として誰にでも判りやすい手法である。アメリカの不動産業界では収益用不動産の価値を分析する場合、最も一般的に利用されている方法であり、考え方も特別に難解なものではない。

　アメリカでもDCF法が利用される以前は収益用不動産を評価する場合、比率法が利用されていた。しかし、計算が難しいJファクター、Kファクター等を使用して評価額を求めることが多く、一般の人達には理解することは困難であった。

　その後、DCF法が利用されるようになってから収益用不動産の価値を判定することは誰にでも容易なものとなった。ここでは将来のキャッシュフローを現在価値に割り引いて不動産の価値を測定するDCF法の本質について、わかりやすく簡単に説明する。

　計算例を説明する際の計算にはすべてExcelの関数計算を使用しており、Excelにより説明する。

1 ｜ DCF法の考え方

　不動産の価値は単に不動産を所有していることにより生じるものではない。不動産を所有し、その不動産を賃貸するか、または自己の営業に利用することにより、将来いくらのお金が手元に入ってくるかによって不動産の価値が決まるはずである。

　基本的に、収益用不動産を賃貸することにより、将来得られると予測さ

れるキャッシュフロー（お金の流れ）を現在価値に割り引いて求めた金額を合計して求めた金額が不動産の価値であると考えている。そしてキャッシュフローには毎年の賃貸収入から経費を差し引いて残る純収益と将来その不動産を売却する際に得られる売却収入とがある。

　賃貸による毎年の純収益（ネット・オペレーティング・インカム）は賃貸総収入から不動産を有効に賃貸するために必要となる経費を控除した残額として求められる。（なお、この経費には資金の支出がない減価償却費は含まれない。あくまでもキャッシュフローで計算される。）

　将来不動産を売却する際の売却予想額を求めることは難しいことであるが、予測した売却金額から仲介手数料等の諸経費を差し引いた手取り額で売却時の収入額を求める。投資保有期間における毎年の賃貸純収益および売却時における売却手取額を現在価値に割り引いて求めた金額を合計すると、その合計額が収益用不動産の価値であると考えるのがDCF法である。

　このDCF法の考え方は不動産投資に限らず、国債、社債、不動産の証券等の将来のキャッシュフローから現在価値を求める場合に適用される。たとえば、債券を購入することにより、投資家は毎年、利息または配当を受け取ることができ、また、将来売却するか満期になった時に、売却額または元本を回収することになる。これらの毎年の利息、または配当および売却時、または償還日に回収される金額を現在価値に割り引いて求めた金額を合計すると、その債券の価値が求められることになる。

　不動産投資を検討する場合の考え方は株式、社債等を購入する際の考え方と本質的に同じことである。不動産投資を検討するには将来のキャッシュフローを現在価値に割り引いて合計することにより、投資額の妥当性を判断することになる。投資家が不動産投資をするか否かは、投資額に対していくらの投資収益率（IRR）を期待しているかによって決められる。投資家はある不動産から将来得られると予測されるキャッシュフローが投資家の希望する投資収益率に適合しているか否かを分析して不動産の価値を判断することになる。

前著では巻末に掲載されていた各種の数値表を使用していたが本書ではExcelの関数を使用してDCF法の説明をする。個人的にはHP12Cを使用して日常業務を行っていたが、この計算器は日本では一般には使用されなかったので前著では数値表を使用した。今回はExcelの計算を使ってDCF法を適用すると、色々な比率を数値表から選んで個々に計算する必要はなく、非常に簡単に計算が可能となった。以前は不動産の収益価格を求めるためには、将来の純収益を一定の標準的な金額として計算をしていたが、DCF法を使うと毎年の純収益が変動していても容易に計算することができるようになる。

　DCF法の考え方を計算例で示すと次のとおりである。

〈計算例〉

　現在、賃貸アパートが5億円で売り出されているが、その不動産の10年間の入金額と10年後に売却した場合の売却予想額は次のとおりである。

　不動産投資家は4％の利回りを期待して、この不動産の購入を検討している。1年目から9年目までの純収益は次のとおり、ほぼ年間2,000万円前後である。10年後には現在の価格より少し値上りすると期待して5億3,000万円で売却されるものと予測する。

　この不動産は現在、5億円の投資価値があるか否かを分析する。1年目から10年目の売却時までのすべての入金予想額を4％の複利現価率で現在価値に割り戻して合計する。

　10年目の収入は賃貸収入が1,200万円と売却収入5億3,000万円の合計額である。

　これらの収入金額の現在価値は5億1,260万円と求められる。

年数	入金額		4%の複利現価率	現在価値
1	20,000,000		0.961538	19,231,000
2	20,000,000		0.924556	18,491,000
3	20,500,000		0.888996	18,224,000
4	19,500,000		0.854804	16,669,000
5	18,000,000		0.821927	14,795,000
6	21,000,000		0.790315	16,597,000
7	20,000,000		0.759918	15,198,000
8	19,000,000		0.730690	13,883,000
9	19,000,000		0.702587	13,349,000
10	542,000,000	※	0.675564	366,156,000
			計	512,593,000
			≒	512,600,000

	D2			fx	=ROUND(1/(1+0.04)^A2,6)	
	A	B	C		D	E
1	年数	入金額			4%の複利現価率	現在価値
2	1	20,000,000			0.961538	19,231,000
3	2	20,000,000			0.924556	18,491,000
4	3	20,500,000			0.888996	18,224,000
5	4	19,500,000			0.854804	16,669,000
6	5	18,000,000			0.821927	14,795,000
7	6	21,000,000			0.790315	16,597,000
8	7	20,000,000			0.759918	15,198,000
9	8	19,000,000			0.730690	13,883,000
10	9	19,000,000			0.702587	13,349,000
11	10	542,000,000	※		0.675564	366,156,000
12					計	512,593,000
13					≒	512,600,000

※530,000,000+12,000,000

4%の複利現価率：Excelの計算式＝ROUND（1/（1+0.04）^A2,6）

　DCF法により不動産の価値を求めると5億1,260万円となる。したがって、売出価格の5億円は妥当な買値であると認められる。
　この計算例でわかると思うが、不動産を購入することにより、投資期間に

おいて毎年賃貸による純収益が得られ、将来投資期間が終了し、売却するときに売却収入が得られると予測される不動産の価値は、将来のキャッシュフローを現在価値に割り引いて求めた金額を合計した総額で求められる。

2 将来の収入を現在価値に割り引く考え方

　将来のキャッシュフローを現在価値に割り引いて求める考え方は現在手元にある100万円は将来入金される予定の100万円よりも価値があることを意味している。1年後の100万円、5年後の100万円、10年後の100万円は現在の100万円よりも価値が少なくなるのは当然である。現在預金金利が低くなっており、銀行に1年間定期預金として預けても、年利0.1〜0.2％程度の金利が付くだけでは1年後の100万円は現在の100万円と大差がなく感じられるかも知れない。

　しかし、現在の日本の金利水準は特別に異常な現象であるとも考えられる。

　日本でも過去においては長い間、1年の定期預金の利率は5.5％程度であった。1年定期預金の金利が年5.5％であるとすれば、100万円の現金を銀行に預金すると、1年後には105.5万円となり、毎年自動継続して預けると5年後には130.7万円になるはずである。したがって現在の100万円と将来の入金予定の100万円とは価値が異なるのは当然である。

　もっと判り易く考えると額面金額100万円の約束手形が支払期日が1年後、または2年後であったと想定する。1年後または2年後の約束手形を銀行で割り引いてもらい、現金化する場合、銀行には支払期日までの金利を支払う必要があり、手元に入ってくる現金は100万円から金利を控除した残額となるはずである。当然、期日が1年後の約束手形と2年後のそれとでは価値が異なることになる。

　不動産投資により、将来得られると期待できる賃貸収入および売却収入

によるキャッシュフローの金額を単純に合計してもその合計額は期間を考慮に入れていないので、不動産の価値を正当に表すものではない。不動産投資は短期間で転売することを目的としている場合を除き、通常、不動産投資はある程度長期に不動産を保有することになる。したがって、将来の入金額（キャッシュフロー）を現在価値に割り戻す作業が必要となる。

定期預金が1年定期で年5.5％であった頃に毎年末に100万円を7年間受け取ることができる権利があったとする。

この場合、毎年末100万円を7年間受け取ると合計では700万円となる。しかし、この権利を譲渡してすぐに現金化することを希望すると手元に即金で入金される金額は5,682,967円となる。

年数	入金額	5.5％の複利現価率	現在価値
1	1,000,000	0.947867	947,867
2	1,000,000	0.898452	898,452
3	1,000,000	0.851614	851,614
4	1,000,000	0.807217	807,217
5	1,000,000	0.765134	765,134
6	1,000,000	0.725246	725,246
7	1,000,000	0.687437	687,437
計	7,000,000		5,682,967

5.5％の複利現価率：Excelの計算式＝ROUND（1/（1+0.055）^A2,6）

	A	B	C	D
1	年数	入金額	5.5％の複利現価率	現在価値
2	1	1,000,000	0.947867	947,867
3	2	1,000,000	0.898452	898,452
4	3	1,000,000	0.851614	851,614
5	4	1,000,000	0.807217	807,217
6	5	1,000,000	0.765134	765,134
7	6	1,000,000	0.725246	725,246
8	7	1,000,000	0.687437	687,437
9	計	7,000,000		5,682,967

C2　fx　=ROUND(1/(1+0.055)^A2,6)

¥5,682,967

現在価値をExcelの財務関数の書式により上記のフォームで求めることができる。

〈書式〉
PV（利率，期間，定期支払額［，将来価値］［，支払期日］＝現在価値）

3 なぜDCF法が必要なのか

　今、なぜDCF法が注目されているか、その理由は、右肩上がりの経済成長とこれに伴う地価の上昇は終わりを告げ、日本でも不動産の投資利回りを真剣に検討しなければならない時代になったからである。
　わが国では戦後長い期間、インフレの傾向が続いていた。とくに土地の価格はいちじるしい値上りを示していた。土地価格がつねに値上りする状況では、多少間違った価格で土地を取得しても、時間がその誤った取得価

格の問題を解決してくれた。不動産投資を検討する場合にも、投資不動産の賃貸収益を正確に分析する必要はなかった。将来における不動産の値上りによるキャピタルゲインが賃貸による収益率の低さを十分にカバーしていた。このため、バブル発生以前は不動産の価値を厳密に考える必要がなかった。土地神話が生きていた時代には将来のキャピタルゲインは不動産投資のすべての問題を解決してくれていた。

バブルが崩壊し、土地の価格も値下りすることが一般的になった。今後土地価格はどのようになるか予測することは難しいことであるが、その土地の所在する地域の将来の動向を十分に分析することが重要である。不動産投資を実行する際には適切な不動産投資分析を行うことが必要となる。

本来、不動産の価値は将来のキャッシュフローによって決まるものである。日本の高度成長期には土地の価格は常に値上りをしていた。日本経済が安定した時期に入っても過去と同じように土地価格は永久に値上りを続けると信じていたことがバブル経済の発生の原因となった。当時においても不動産DCF法を適用し、将来の入金額を合理的かつ適正に予測をしていたならば、土地価格が永久に値上りするものであるとは考えられなかったはずである。

バブル経済の時期には日本の不動産市場では投資利回りは外国と比較して特別に低いと言われていた。（東京のオフィスビルの投資利回りは1～2%と言われていた。この場合の投資利回りとは不動産の投資額と毎年の賃貸収入から手元に残る純収益の比率のことのみを意味している。）

ところが、毎年の純収益が低くても、将来の値上りにより毎年の収益率の低さを十分にカバーすることができたので、低い投資利回りでも十分に採算が取れていた。

しかし、今後は残念ながら、これからの国内不動産について継続的な値上りを期待することはできないであろう。一部の地域では短期的に値上りが発生することもあるかも知れない。今後は不動産を取得する場合には精

密な投資収益率の予測が必要となる。

ここでは投資収益率とDCF法を関連づけて設例により説明する。

(1) 投資収益率とDCF法の関連（その1）

> **設例1　オフィスビルのキャッシュフローの想定**
>
> 　現在オフィスビルが10億円で売り出されている。内訳は土地が6億円、建物は4億円である。
>
> 　毎年の標準的な純収益は1,500万円（1.5%の利回り）と予測される。土地は過去において不動産バブルの時期には毎年平均して14%以上の値上りが続いていたことがある。しかし今後日本経済が回復して土地も値上りが生じることもあり得ると仮定して今後10年間は毎年3%程度の値上りを想定する。建物は10年後には25%は減価すると予測される。
>
> 　●10年後の不動産の価値
> 　　土地　　8億635万円（年3%の上昇）
> 　　建物　　3億円（10年間で25%の減価）
> 　　計　　　11億635万円
>
> この不動産の投資収益率IRR（Internal Rate of Return）を求める。

　将来10年間、毎年3%の値上りを想定する。

　今後の経済を楽観的に予測して今年から10年間は毎年3%の値上り率で想定する。10年後の土地価格はExcelのFVの関数を使用して下記のとおり806,350,000円と求められる。

　建物価格3億円を合計すると10年後の不動産価格は11億635万円となる。この金額は、不動産事業に詳しい専門家が予測した見込価格である。

第1章　DCF法とは何か

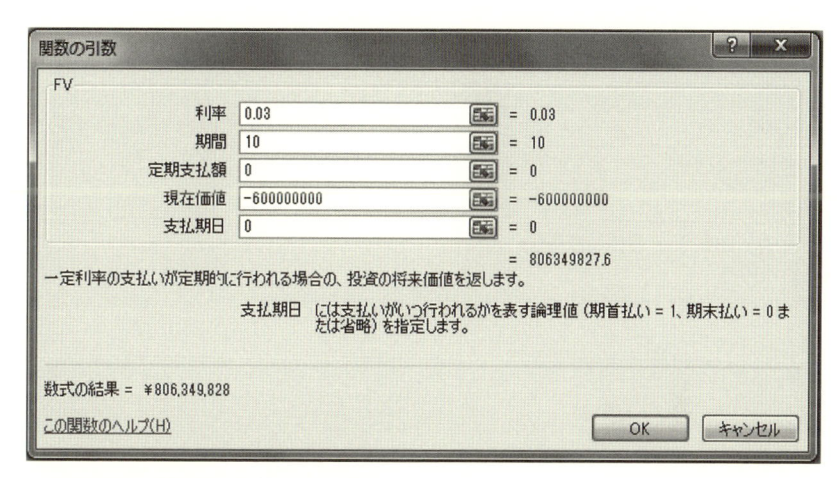

806,349,828円 ≒ 8億635万円

10年間、毎年1,500万円の収入と10年後に11億635万円の売却が予測される不動産を10億円で購入する場合、この不動産投資による投資収益率（IRR）を求める。

ExcelによりIRRを求める。

投資金額：10億円

投資期間：10年

10年後の売却予想額：11億635万円（土地8億635万円＋建物3億円）

10年間の純収益の予測

	入金額	
	−1,000,000,000	
1年	15,000,000	
2年	15,000,000	
3年	15,000,000	
4年	15,000,000	
5年	15,000,000	
6年	15,000,000	
7年	15,000,000	

8年	15,000,000	
9年	15,000,000	
10年	1,121,350,000	(1,106,350,000+15,000,000)
合計	1,256,350,000	
IRR＝	0.025	
計算式=IRR（B2:B12,0.025)		
推定値	0.025	

IRRはExcelの次の関数計算で求められる。

	A	B
1		入金額
2		−1,000,000,000
3	1年	15,000,000
4	2年	15,000,000
5	3年	15,000,000
6	4年	15,000,000
7	5年	15,000,000
8	6年	15,000,000
9	7年	15,000,000
10	8年	15,000,000
11	9年	15,000,000
12	10年	1,121,350,000
13	合計	1,256,350,000
14	IRR＝	0.025
15		
16	計算式	=IRR（B2:B12,0.025）
17	推定値	0.025

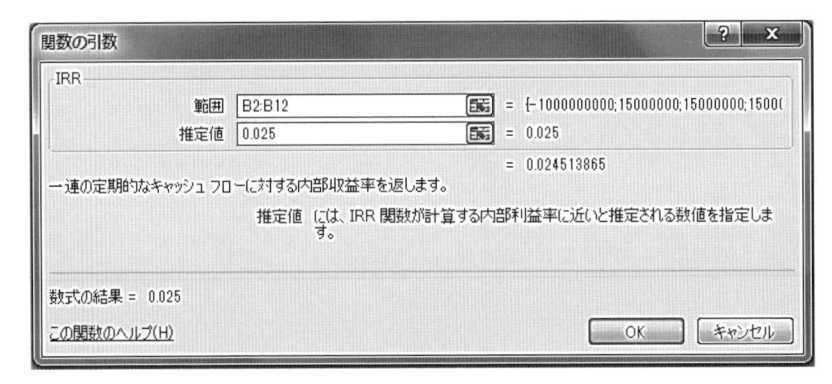

B14　＝IRR(B2:B12,0.025)

関数の引数

IRR
範囲　B2:B12　＝ {−1000000000;15000000;15000000;1500(
推定値　0.025　＝ 0.025
　　　　　　　　＝ 0.024513865

一連の定期的なキャッシュ フローに対する内部収益率を返します。

推定値 には、IRR 関数が計算する内部利益率に近いと推定される数値を指定します。

数式の結果 = 0.025

この関数のヘルプ(H)　　　　OK　　キャンセル

10億円のオフィスビルを購入し、10年後に売却することを想定する。投資期間中の純収益および10年後の売却収入が上記のとおり予測される場合、この不動産投資の投資収益率（IRR）は2.5％となる。

　毎年の値上り率はRATEの計算で1.0％となる。

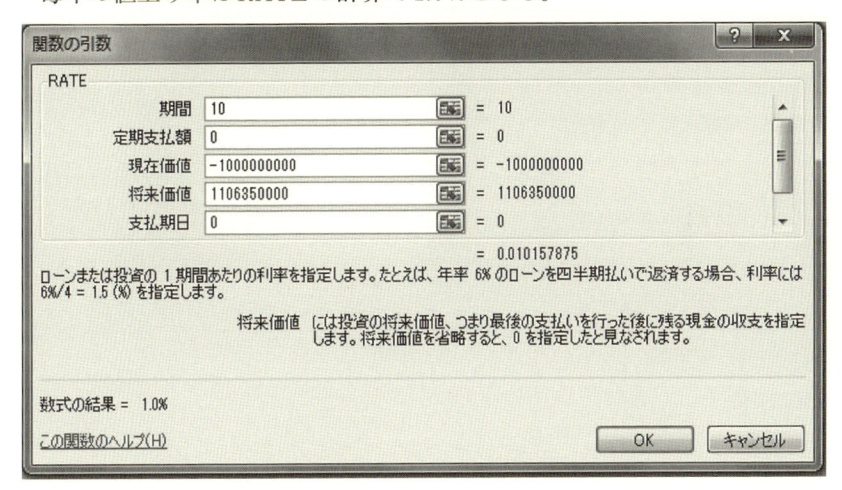

```
関数の引数                                              ? X
 RATE
        期間         10                    = 10
        定期支払額    0                     = 0
        現在価値     -1000000000           = -1000000000
        将来価値     1106350000            = 1106350000
        支払期日     0                     = 0
                                          = 0.010157875
 ローンまたは投資の 1 期間あたりの利率を指定します。たとえば、年率 6% のローンを四半期払いで返済する場合、利率には
 6%/4 = 1.5 (%) を指定します。
           将来価値 には投資の将来価値、つまり最後の支払いを行った後に残る現金の収支を指定
                  します。将来価値を省略すると、0 を指定したと見なされます。

 数式の結果 =   1.0％
 この関数のヘルプ(H)                                OK        キャンセル
```

　不動産の投資利回りは投資額と毎年の賃貸純収益との比率のみでなく、将来の値上り益も含めて考えるべきである。毎年の純収益から計上される1.5％の投資収益率（15,000,000÷1,000,000,000＝1.5％）の他に不動産の値上り率（土地建物一体として）の1.0％を含め、全体として投資収益率（IRR）は2.5％となる。

　将来のキャピタルゲインが期待される場合には、毎年のキャッシュフローは低い利率でも良く、極端なケースでは毎年のキャッシュフローが赤字でも、将来のキャピタルゲインが赤字分を十分に償うと考えられる場合もある。過去において通常の不動産の利用法では採算の取れないほど高い価格でも無理をして購入していたこともあった。

(2) 投資収益率とDCF法の関連（その2）

上記の投資収益率2.5％はExcelの関数計算で求めたものである。

投資収益率は2.5％と求められているが、一般的な複利現価率の数値表には2.5％の複利現価率は示されている。Excelを利用すると2.5％の利回りも容易に求めることは可能であるが、Excelが利用できない場合、数値表を利用することになる。

通常、数値表では0.5％刻みで数表が示されている。したがって、2.5％の複利現価率を使って、前記の投資期間中の純収益および10年後の売却収入の現在価値を求めている。

	D11		f_x	=ROUND(B11*C11,-3)	
	A	B	C		D
1	年数	入金額	2.5％の複利現価率		現在価値
2	1	15,000,000	0.97561		14,634,000
3	2	15,000,000	0.951814		14,277,000
4	3	15,000,000	0.928599		13,929,000
5	4	15,000,000	0.905951		13,589,000
6	5	15,000,000	0.883854		13,258,000
7	6	15,000,000	0.862297		12,934,000
8	7	15,000,000	0.841265		12,619,000
9	8	15,000,000	0.820747		12,311,000
10	9	15,000,000	0.800728		12,011,000
11	10	1,121,350,000	0.781198		875,996,000
12	計	1,256,350,000			995,558,000

2.5％の複利現価率：Excelの計算式＝ROUND（1/（1+0.025）^A2,6）

投資収益率2.5％複利現価率は数値表から求めることもできる。2.5％の複利現価率を使って毎年の入金額の現在価値を求める。これらの金額を合計すると10億円となり、投資額の10億円とほぼ等しい価格となっている。複利現価率を2.5％で計算して、上記のような計算を行うと数値表からも10億円の現在価値が求められる。

設例2　オフィスビルが将来値下りすると想定する場合

　土地の価格が値上りを続けていた時期には、毎年のキャッシュフローは低い収益率でも将来のキャピタルゲインで採算は取れていた。しかし、土地の値上りも値下りもなく10年間、横這いであったと仮定する。設例1を利用するが、10年後の売却収入を土地の価値が現在と同じ金額の6億円とする。
　◎10年後の不動産の価値
　　土地　　6億円
　　建物　　3億円
　　計　　　9億円
　建物は時間の経過により価値が減少するので、設例1と同じように3億円に値下りすると予測し投資収益率を求めてみる。

①オフィスビルの投資収益率（IRR）

　現在10億円で不動産を購入するが、この不動産は10年間、毎年1,500万円の収入と10年後に土地建物一体として、9億円の売却が予測される不動産の投資収益率（IRR）を求める。

年	入金額
0	－1,000,000,000
1	15,000,000
2	15,000,000
3	15,000,000
4	15,000,000
5	15,000,000
6	15,000,000
7	15,000,000
8	15,000,000

9	15,000,000	
10	915,000,000	(900,000,000＋15,000,000)
IRR	0.52%	

	A	B
1	年	入金額
2	0	-1,000,000,000
3	1	15,000,000
4	2	15,000,000
5	3	15,000,000
6	4	15,000,000
7	5	15,000,000
8	6	15,000,000
9	7	15,000,000
10	8	15,000,000
11	9	15,000,000
12	10	915,000,000
13	IRR	0.52%

=IRR（B2:B12）

=IRR　0.52

　この不動産投資の投資収益率（IRR）は0.52％となる。毎年のキャッシュフローによる収益率が1.5％ではあるが、売却時に建物価格の減少によるキャピタルロスが1億円発生するので、全体として1.5％より低くなり、0.52％の低い投資収益率（IRR）となる。

毎年の純収益は1,500万円であるが、10年後の売却収入が9億円となる場合、投資収益率は0.52％となり、設例1の場合の投資収益率2.5％と比較すると低い収益率となる。

(3) 投資収益率とDCF法の関連（その3）

設例2の投資収益率0.52％を設例1と同じように0.52％に近似する0.5％の複利現価率を使って想定した不動産投資の収益率をDCF法により検証してみる。0.52％の複利現価率の数値表は示されていないので0.5％の複利現価率は公式を使って計算して求める。

年数	入金額	0.5％の複利現価率	現在価値
1	15,000,000	0.995025	14,925,000
2	15,000,000	0.990075	14,851,000
3	15,000,000	0.985149	14,777,000
4	15,000,000	0.980248	14,704,000
5	15,000,000	0.975371	14,631,000
6	15,000,000	0.970518	14,558,000
7	15,000,000	0.96569	14,485,000
8	15,000,000	0.960885	14,413,000
9	15,000,000	0.956105	14,342,000
10	915,000,000	0.951348	870,483,000
計	1,050,000,000	計	1,002,169,000
			≒1,000,000,000

0.5％の複利現価率：EXCELの計算式＝ROUND（1／（1+0.005）^A2,6）

設例2の将来の入金額を投資収益率0.52％に近似する0.5％の複利現価率を数値表から求めて計算する。0.5％の複利現価率によって求めた現在価値の合計は10億217万円となり、投資額の10億円とほぼ等しい価格となった。したがって数値表から求めた0.5％の複利現価率で将来の入金額を現在価値に割り引いて求めた金額の合計は投資額の10億円にほぼ等しくなっ

た。この設例から10年後の売却収入が不動産投資の収益率に大きな影響を与えているか判るはずである。毎年の純収益が同じ1,500万円であっても、売却収入が異なることにより、不動産の投資収益率は2.5％と0.52％と異なる収益率となる。

バブル経済が崩壊し、日本経済は不況になり、現在は景気は回復の傾向にあるとも思われるが、過去に土地神話が信じられていた時期におけるような土地の値上りを期待することはできない。

したがって、不動産投資はキャピタルゲインを重視した思考から、毎年のキャッシュフローを重視する考え方に切り替えて投資分析することが必要となった。

この点からも不動産の価値を正確に測定するためにDCF法が必要となっていると考えられる。

バブル発生以前には土地の値上りが多くの人に信じられていたので、企業も個人も無理をしても不動産の購入に努めていたが、このような不動産投資はバブルの崩壊とともに失敗の結果となった。

将来のキャッシュフローを予測する場合に毎年の賃貸収入および経費の予測は比較的容易に求められる。将来の売却予想額を求めることは非常に難しいことである。しかし、東京の土地価格が坪当たり5,000万円以上になった時に、将来も同じ上昇率で値上りすると想定して将来の売却予想額を試算したとすれば、将来の売却予想額では誰も購入する者がいないと気が付いたはずである。

これは結果論であるが、今後は不動産投資を判断する場合には将来のキャッシュフローを合理的に予測することが重要となると考えるべきである。特に将来の売却予想額をどのようにして求めるかが重大な課題となる。

不動産を証券化して売却する場合、将来の元本が回収可能か否か、即ち将来不動産を再度売却して、不動産証券の払い戻しをすることが可能なのかを判定することが重要となるはずである。不動産証券化の制度を適正に運営するためには将来の不動産の価値を合理的に説得できる理論が必要と

なる。

　このような観点から不動産のDCF法は不動産の適正な価値を判断するために重要なことと考えられる。

4 キャッシュフローの重視

　不動産の価値はその不動産が将来いくらのキャッシュフローを得ることができるかによって決まる。この鉄則を無視したために破綻する企業がバブル経済崩壊後の長引く不況で急増した。

　バブル経済の時期にリゾート地に巨額な資金を投資し、豪華なホテルを建築していたデベロッパーがあった。ところが、営業収入が少ないために経営が困難になってしまった。このデベロッパーに資金を融資した銀行は、このホテルは数百億円の建設費を支出したホテルであるから、それなりの価値があると考えた。そこで銀行は子会社に所有権を移転し、ホテルの営業収入によりホテルに融資した資金を回収するように努めた。しかし、現在に至っては数百億円で建築したホテルは利用されず、空家となって長年放置されている。では、このホテルの本当の価値はいくらであろうか。不動産の価値はそれを取得するために支払われた金額で決まるものではない。建築主は自己満足のために採算を無視し、必要以上に豪華な建物を建築することもあり得る。しかし、新築の不動産であっても、その不動産から投資額に見合うだけのキャッシュフローを得ることができないならば、その不動産の価値は最初から取得原価よりも低いものとなってしまう。

　リゾート地の豪華なホテルは営業収入がホテルを維持するために必要とされる経費支出すら下回っていた。固定資産税は大きな金額であり、ホテルの従業員数が宿泊客数よりも多くなっていた状況では、ホテルの経営を続けると赤字が増加する一方となる。この状況に至ってようやくそのホテルは経営を中止することとなった。

不動産の購入希望をする投資家はその不動産投資により、将来どれだけのキャッシュフローを得ることができるかを重視して、投資の可否を判断するべきである。
　投資額に対して有利なキャッシュフローを稼ぎ出す不動産は売却する際にも高い価格で売却できる。過去に不動産の価値はその不動産が所在する地域における土地の売買価格によって査定されていた。その不動産が所在する近くで、高い価格で土地が取り引きされていたならば、不動産の土地価格は取引事例価格と比較して高い価格となった。その結果、不動産から得られる賃貸純収益率は低いものとなり、1％から2％となっていた。不動産投資の際の借入金の金利が5％程度であったので、不動産投資によるキャッシュフローは借入金の利息の支払いもできない程に少ない金額であった。過去に賃貸純収益率の低さを埋め合わせるものとして土地の値上り益があった。
　したがって、不動産投資を検討する場合には投資額に対して、賃貸収入によるキャッシュフローが有利な不動産が選ばれることになる。キャッシュフローが有利な不動産は将来売却する場合にも高い価格で売却されるであろうと期待できる。
　収益用不動産の価値はその不動産が稼ぎ出すキャッシュフローによって決まるので、キャッシュフローが重視されることになる。
　なお、キャッシュフローは広義には毎年の賃貸収入から得られる純収益、および将来売却することにより得られる売却収入をも含めてキャッシュフローと言われる。しかし、狭義には毎年の純収益のみをキャッシュフローと考え、売却収入はリバージョンとして別に考えてキャッシュフローが使われることがある。

5　DCF法の適用できない不動産

　不動産DCF法は不動産であればどのような不動産にも適用できるものではない。一戸建住宅等居住用の不動産からキャッシュフローを求めることはできない。キャッシュフローが計上できるのは、その不動産を利用し、収益を上げることのできる事業用の不動産に限られる。

　住宅を購入する人は、その住宅を賃貸して収益を得ることを目的として不動産を取得する訳ではない。住宅の購入者は、その住宅で快適に居住することを目的として不動産を取得している。仮に一時的に自宅を他人に賃貸することがあったとしても、その家賃収入から住宅の収益価格を求めることはできない。もし収益価格を計算上求めてみても、住宅の取引価格からは極端に低い金額となり、意味のない収益価格となるであろう。

　不動産の価値を求めるためにDCF法が適用できるのは、その不動産を利用して適正な収益を計上することが可能な収益用不動産に限られる。収益用不動産とは不動産から収益を得ることを目的として所有される不動産である。具体的には賃貸用のオフィスビル、賃貸用共同住宅、店舗、ホテル、営業所、工場等、利用されることによって、適正な収益を得ることができる不動産が収益用不動産である。

　収益用不動産はその不動産を賃貸することにより、家賃収入として収益が得られるのが一般的である。

　不動産を利用し営業することにより得られる営業収益を目的としている収益用不動産がある。ホテル、工場等の企業収益から不動産に配分される収益を適切に分析することにより、不動産の収益のみを分離して測定することは、理論上は可能である。しかし、企業収益から不動産の収益のみを分離して測定することは、実際には難しいことである。

　DCF法を適用することができるのは収益用不動産に限られる。

しかし一戸建住宅等の居住用不動産にも収益価格を求めようとしている試みがあるが、それは間違いである。居住用の住宅は所有者がそこで快適に住むことを求めて特別に高い価格でも購入することもある。不動産には居住用不動産と収益用不動産があり、この両者を評価するための価値の判断基準が全く異なることを理解するべきである。居住用不動産からキャッシュフローを求めることが不可能であることは、常識で考えれば判ると思う。

なお、不動産を評価するには三つの評価法があるとされている。

取引事例比較法、原価法、収益還元法の三手法である。アメリカでは収益用不動産にはこれらの三つの方式が使用されるが、居住用不動産には収益還元法に代わるGRM法が使用されている。GRM法とはGross Rent Multiplierの略であり、住宅の売買価格と月額家賃との比率を求めて、その比率によって住宅価格を求めようとしている。この考え方は家賃収入をベースにしているので収益価格と思われるかもしれないが、評価対象の住宅と売買された住宅の家賃を比較して評価対象の住宅の価格を求めるものであり、取引事例比較法の変形であると考えられる。したがって、住宅用不動産の評価には収益価格を求めることはできない。

第2章 DCF法を適用する収益還元法

DCF法により求める不動産の価値は比率法を適用する収益還元法によって求める収益価格と同じ価格になる。日本では収益還元法を適用する場合には比率法が多く適用されているが、不動産の収益価格を求める手法としては比率法よりもDCF法は判り易い方法であり、アメリカで多く使用されている。収益還元法により収益価格を求める場合、DCF法も比率法も原理は同じであるが、比率法は収益が毎年変動する場合には適用することが計算上不可能であり、標準的な年間純収益を査定する必要がある。

　しかし、DCF法では毎年変動のある純収益を適用しても利用可能であり、応用範囲が広く、かつ説得力のある手法である。このため最近はアメリカではDCF法を適用する収益還元法が普及している。

　DCF法で収益還元法を適用する際には、Excelの関数計算を利用すると容易に収益価格を求めることができる。

1 ｜ DCF法を適用する収益還元法の説明と計算例

　DCF法による収益還元法の考え方では、収益用不動産の価値はその不動産から将来得られる入金額の現在価値の合計として求められる。将来得られる入金額には、不動産を賃貸することによって得られる毎年の純収益および不動産を売却したときに回収される金額がある。これらの将来の入金額の現在価値を求めて、合計することにより、収益用不動産の価値が求められる。

　将来の入金額を現在価値に割り戻すために割引率が使用される。

　収益用不動産の純収益は賃貸可能な総収入から空室損失分を控除して実質的な総収入を査定し、この実質的な総収入から営業経費を差し引いて求められる。

　売却時の回収予想額は、所有期間中の純収益とは区別して査定されるが、必ずしも金額により特定の価額として求めることを必要とするものではな

い。売却時の価値を現在価値から比較して20％と予測したり、10％あるいは30％減と予測したりして求めることも考えられる。

　経済が発展している地域における土地の価格は値上りの傾向にあり、衰退している地域における土地の価格は値下りするはずである。地域の発展と衰退により、土地の価格は値上りすることも値下りすることもあり得る。建物については建築後の経過年数が多くなるにつれて、価値が減少するのが通常である。

　収益用不動産の売却時の回収額を予想する場合、将来における土地の値上りまたは値下りを予測するとともに、建物の減価額を分析して将来における不動産の価値の増価または減価を予測することになる。

　不動産の収益価格はDCF法によると将来の入金額を現在価値に引き戻した金額を合計したものとして求められる。この考え方を公式として示すと次のとおり、将来の各年度における収入額CFtを各年度の複利現価率で割り戻した金額の合計である。

$$不動産の収益価格 = \frac{CF1}{(1+Y_o)^1} + \frac{CF2}{(1+Y_o)^2} + \cdots + \frac{CFt}{(1+Y_o)^t}$$

　　　CFt＝将来の各年度における収入額
　　　Yo　＝割引率

　この公式の分子となる資金収入は、不動産を保有し賃貸している期間における年間収入と不動産を売却した時に回収される金額に区別されるのが特徴である。この公式は次のような公式に書き直すと、もっと単純で判り易いかもしれない。

　　　不動産の価値（V）＝投資期間中の各年度の収入金額の現在価値の合計
　　　　　　　　　　　　＋　将来の売却予想額の現在価値

###〈計算例2-1　10年後の不動産の価値が同額の場合〉

今後10年間の毎年の純収益は10,000,000円であり、10年後の不動産の価値は現在の不動産の価値Vと同じであると仮定して収益価格を求める。

将来の純収益と売却収入を現在価値に割り引くために、第3章の割引率と還元利回りで求めた3.8%の複利現価率を採用する。将来の不動産の価値は現在の不動産の価値と同じであると仮定する。

年	毎年の純収益	3.8%の複利現価率	現在価値
1	10,000,000	0.963391	9,634,000
2	10,000,000	0.928122	9,281,000
3	10,000,000	0.894145	8,941,000
4	10,000,000	0.861411	8,614,000
5	10,000,000	0.829876	8,299,000
6	10,000,000	0.799495	7,995,000
7	10,000,000	0.770227	7,702,000
8	10,000,000	0.74203	7,420,000
9	10,000,000	0.714865	7,149,000
10	10,000,000	0.688694	6,887,000
	毎年の純収益の現在価値の合計		81,922,000
	10年後の売却収入予想額		
10年	売却収入V	0.688694	0.688694×V

DCF法により求める不動産の収益価格Vは、次の式で求められる。不動産の価値は、不動産を保有している10年間の毎年の純収益の現在価値と、10年後に売却することを想定した価格の現在価値を合計した金額となる。

不動産の価値V＝10年間の純収益の現在価値の合計
　　　　　　　＋10年後の売却予想額の現在価値

$$不動産の価値 V = 81{,}922{,}000 円 + 0.688694 \times V$$

$$(1 - 0.688694) \times V = 81{,}922{,}000 円$$

$$\therefore V = \frac{81{,}922{,}000 円}{0.311306}$$

$$= 263{,}155{,}866 円$$

$$\fallingdotseq 263{,}000{,}000 円$$

　10年間、毎年1,000万円の純収益が期待される。単純に10年間の純収益を合計すると1億円となるが、将来のキャッシュフローは現在価値にディスカウントしなければならない。毎年1,000万円の10年間の純収益の合計金額の現在価値は81,922,000円となって求められる。

　10年後の売却収入は現在の不動産価値と同じ金額1億円（1.0×V）で売却できると予測する。建物の価値は年数を経過するにつれて減価するが、土地の価値は不動産の所在している地域が発展している場合に値上りが期待できる。したがって、建物の減価分に相当する土地の値上りがあり、土地建物一体としての不動産の価値は10年後も現在の価値と同じであると想定している。

　不動産の収益価格は投資期間中の純収益の現在価値と投資期間終了後の売却収入の現在価値を合計したものである。

　上記の計算例で判ると思うが、不動産の価値は2億6,300万円となって求められる。

〈計算例2-2　10年後の不動産の価値10％の値上りの場合〉

　毎年の純収益は1年から10年までの毎年、同額の1,000万円で、10年後の不動産の価値が土地建物一体として10％は値上りすると予測した場合の評価対象不動産の収益価格は下記のとおり、3億3,800万円と求められる。

年	毎年の純収益	3.8%の複利現価率	現在価値
1	10,000,000	0.963391	9,634,000
2	10,000,000	0.928122	9,281,000
3	10,000,000	0.894145	8,941,000
4	10,000,000	0.861411	8,614,000
5	10,000,000	0.829876	8,299,000
6	10,000,000	0.799495	7,995,000
7	10,000,000	0.770227	7,702,000
8	10,000,000	0.74203	7,420,000
9	10,000,000	0.714865	7,149,000
10	10,000,000	0.688694	6,887,000
毎年の純収益の現在価値の合計			81,922,000
10年後の売却収入予想額			
10年	売却収入1.1×V	0.688694	0.757563×V

不動産の価値V＝10年間の純収益の現在価値の合計
　　　　　　　＋10年後の売却予想額の現在価値
不動産の価値V＝81,922,000円＋0.757563×V

$$(1-0.757563) \times V = 81,922,000 \text{円}$$

$$\therefore V = \frac{81,922,000 \text{円}}{0.242437}$$

$$= 337,910,468 \text{円}$$

$$\fallingdotseq 338,000,000 \text{円}$$

　10年間、毎年1,000万円の純収益の現在価値は81,922,000円と同じである。
　しかし、10年後の不動産の価値は現在の不動産の価値より10％は値上りすると予測される場合、10年後の売却収入は現在の不動産価値Vの1.1倍となる。10年後1.1×Vとなる不動産の現在価値は10年、3.8％の複利現価

率0.688694を使って求める。10年後の売却収入予想額の現在価値は1.1×V×0.688694＝0.757563×Vとなる。

不動産の収益価格Ｖは10年間の純収益の現在価値81,922,000円に10年後の売予想額の0.757563×Vを合計したものとなる。計算結果は上記の通り3億3,800万円と求められる。

純収益は計算例2－1と同じであるが、将来、不動産が値上りすると仮定した場合、収益価格は若干高い価格となって求められる。

〈計算例2-3　10年後の不動産の価値20％値下りの場合〉

毎年の純収益が1年から10年まで毎年同額の1,000万円として、10年後の不動産の価値が20％値下りすると予測される場合の不動産の価値は次のように求められる。

年	毎年の純収益	3.8％の複利現価率	現在価値
1	10,000,000	0.963391	9,634,000
2	10,000,000	0.928122	9,281,000
3	10,000,000	0.894145	8,941,000
4	10,000,000	0.861411	8,614,000
5	10,000,000	0.829876	8,299,000
6	10,000,000	0.799495	7,995,000
7	10,000,000	0.770227	7,702,000
8	10,000,000	0.74203	7,420,000
9	10,000,000	0.714865	7,149,000
10	10,000,000	0.688694	6,887,000
毎年の純収益の現在価値の合計			81,922,000
10年後の売却収入予想額			
10年	売却収入0.8×V	0.688694	0.550955×V

不動産の価値Ｖ＝10年間の純収益の現在価値の合計
　　　　　　　＋10年後の売却予想額の現在価値

不動産の価値V＝81,922,000円＋0.550955×V

$$(1-0.550955) \times V = 81,922,000 円$$
$$V = \frac{81,922,000 円}{0.449045}$$
$$= 182,436,059 円$$
$$\fallingdotseq 182,000,000 円$$

　10年間、毎年1,000万円の純収益の現在価値は81,922,000円と同じである。
　しかし、10年後の不動産の価値は現在の不動産の価値より20％は値下りすると予測される場合、10年後の売却収入は現在の不動産価値Vの0.8倍（1−20％）となる。10年後0.8×Vとなる不動産の現在価値は0.8×V×0.688694＝0.550955×Vとなる。
　したがって、不動産の収益価格Vは純収益の10年間の合計81,922,000円を0.449045（1−0.550955）で割った数字1億8,200万円と求められる。

　毎年の純収益が同じ1,000万円であっても、10年後の売却予想額を現在価値と同じとするか、10％増価とするか、20％減価とするかにより求められる収益価格は大幅に変動することが判る。

将来の売却予想額の想定	不動産の価値
現在の価値と同じ	2億6,300万円
10％増価の売却予想額	3億3,800万円
20％減価の売却予想額	1億8,200万円

　したがって、DCF法を正しく適用するには、将来の不動産の価値を合理的に予測することが重要である。
　年間の純収益の予測は、現在の純収益を分析すると比較的容易に求めることは可能である。しかし、難しいのは将来の売却予想額をどのように予

測するかである。そして将来の売却予想額の差異によって現在の収益価格は大幅に異なってくることは上記の三つの設例から理解されると思う。

不動産が所在している地域が将来発展する地域であるか、衰退する地域であるかによって、将来の不動産の価値は大きく変わってくる。この地域分析は簡単なものではない。その地域の主要産業が成長過程にあるのか、または衰退傾向にあるのか、人口は増加するか減少するか、住民の所得は伸びるのか減少するのかを分析することにより、その地域の不動産に対する需要の変化を予測することになる。

日本の政治、経済は東京が中心となっているため、多くの人口が東京とその周辺に居住している状態にある。東京周辺に過度に人口が集中していることは地震など何か危険な事態が発生すると日本は壊滅状態になるのではないかと危惧される。人口は東京に一極集中の状態になっているが、他方、地方によっては人口が減少し地域が崩壊しようとしている場所もある。

このような状態で、日本の不動産の価格を一律な評価手法で評価することは危険であり、土地利用を大きく誤る結果となると考える。

日本経済の健全な発展のためにも、不動産価格は適正な価格水準に安定させることは重要であると思われる。

2 毎年の純収益が赤字の場合の収益価格

不動産の価格が上昇している時期には、毎年の純収益が赤字の不動産を購入しても、将来のキャピタルゲインが期待できるならば、投資価値はあったと認められる。

計算例2－1から2－3までは毎年1,000万円の純収益があるとして、10年後の売却予想額が異なることにより、不動産の価値が大きく変わることを説明した。

今後10年間、毎年の純収益が－500万円の赤字となるが、10年後には不

動産の価値が2倍になる場合に、不動産の価値はどのように求められるか、DCF法を適用して求めてみる。

年	毎年の純収益	3.8%の複利現価率	現在価値
1	−5,000,000	0.963391	−4,817,000
2	−5,000,000	0.928122	−4,641,000
3	−5,000,000	0.894145	−4,471,000
4	−5,000,000	0.861411	−4,307,000
5	−5,000,000	0.829876	−4,149,000
6	−5,000,000	0.799495	−3,997,000
7	−5,000,000	0.770227	−3,851,000
8	−5,000,000	0.74203	−3,710,000
9	−5,000,000	0.714865	−3,574,000
10	−5,000,000	0.688694	−3,443,000
毎年の純収益の現在価値の合計			−40,960,000
10年後の売却収入予想額			
10年	売却収入2.0×V	0.688694	1.377388×V

不動産の価値V＝10年間赤字の純収益の現在価値の合計
　　　　　　　＋10年後の売却予想額の現在価値

不動産の価値V＝−40,960,000円＋1.377388×V

$(1-1.377388) \times V = -40,960,000$ 円

$$\therefore V = \frac{-40,960,000 \text{円}}{1-1.377388}$$

$$= \frac{-40,960,000 \text{円}}{-0.377388}$$

$$= 108,535,513 \text{円}$$

$$\fallingdotseq 109,000,000 \text{円}$$

将来不動産が値上りし、10年後には不動産の価値が2倍になることが予

測される場合、毎年の純収益が赤字で各年500万円の持ち出しをしていても、10年後には十分に採算が取れる。この赤字の純収益となる不動産は1億900万円で購入する価値があることになる。

現在1億900万円の不動産は10年後に2倍の価格の2億1,800万円になると予測されるとする。この事実を下記の計算例を示すことにより、上記の計算の正当性が良く納得できると思う。10年後の入金は売却予想額2億1,800万円（1億900万円×2倍）から10年目の赤字の純収益−500万円を控除し2億1,300万として求める。

年	毎年の純収益	3.8%の複利現価率	現在価値
1	−5,000,000	0.963391	−4,817,000
2	−5,000,000	0.928122	−4,641,000
3	−5,000,000	0.894145	−4,471,000
4	−5,000,000	0.861411	−4,307,000
5	−5,000,000	0.829876	−4,149,000
6	−5,000,000	0.799495	−3,997,000
7	−5,000,000	0.770227	−3,851,000
8	−5,000,000	0.74203	−3,710,000
9	−5,000,000	0.714865	−3,574,000
10	213,000,000	0.688694	146,692,000
計	168,000,000		109,175,000
			≒109,000,000

	A	B	C	D
			fx	=ROUND(B11*C11,-3)
1	年	毎年の純収益	3.8%の複利現価率	現在価値
2	1	-5,000,000	0.963391	-4,817,000
3	2	-5,000,000	0.928122	-4,641,000
4	3	-5,000,000	0.894145	-4,471,000
5	4	-5,000,000	0.861411	-4,307,000
6	5	-5,000,000	0.829876	-4,149,000
7	6	-5,000,000	0.799495	-3,997,000
8	7	-5,000,000	0.770227	-3,851,000
9	8	-5,000,000	0.74203	-3,710,000
10	9	-5,000,000	0.714865	-3,574,000
11	10	213,000,000	0.688694	146,692,000
12	計	168,000,000		109,175,000
13		毎年の純収益の現在価値の合計	≒	109,000,000

　DCF法で求めた1億900万円と査定された収益価格は、毎年の500万円の赤字の純収益と2倍の価格となると予測した将来の売却予想額から求められた価格である。

　毎年-500万円の赤字の純収益でも10年後には2倍に値上りすると仮定して3.8%の複利現価率で計算した結果、現在価値は1億900万円と求められた。

　この価格が正しい価格であったか検証するために10年後の売却予想額を2億1,800万円としてDCF法により計算した現在価値は1億900万円と求められた。この計算によっても同じ価格となったのでこの考え方と計算は正しいものと認められるであろう。

　土地神話が信じられていた時期には、不動産の将来の値上り益を期待して収益性の劣る不動産でも、また赤字の純収益の不動産を購入していても誤りではなかった。高度成長期には日本の全国各地の土地価格は値上りを示していた。しかし、1980年代には高度成長が止まり、1990年代には日本経済は熟成し、過度に経済は膨張していた。このバブル経済の時期には1960年、1970年代と同じように土地価格は将来とも値上りすると信じてい

た土地神話が残っていた。日本における土地の適正な価格水準を見誤った結果が日本のバブル経済を引き起こした最大の原因である。

2020年に東京でオリンピックが開催されることが決定し、東京を中心に建設ラッシュが始まると期待されている。東京オリンピック効果により、一時的に景気は上向くことが予想される。しかし、日本の経済を長期的に検討することが必要である。短期的な現象のみを重視することは不動産価値の本質を見誤ることにもなりかねない。

今後は不動産の適正な価格を測定するためには、長期的な観点から不動産の将来のキャッシュフローを十分に検討し、その将来のキャッシュフローに見合う価格で不動産投資を行うべきである。

3 DCF法と比率法の考え方

日本では収益還元法は比率法で求めるのが原則であるかのように思われているが、アメリカでは収益価格を求めるためDCF法も比率法も使用されている。

DCF法と比率法の原理は全く同じである。単に計算の方法が異なっているだけであるから、ある不動産の収益価格を求める場合に、DCF法を適用しても、比率法を適用しても、評価の前提となる純収益と将来の売却収入予想額が同じならば、同じ価格として求められる。

アメリカでは比率法により収益価格を求める場合に還元利回りが適用されるが、還元利回りは将来における不動産価値の増減を考慮して求められている。

したがって、DCF法で売却時の予想売却額を考慮していることと同じ考え方である。DCF法による収益価格は、不動産投資家が購入した不動産から、将来どのような純収益が期待できるかを予測した各年度の純収益の現

在価値、および投資期間終了後、不動産を売却したときに回収される金額の現在価値を求めて、これらの現在価値を合計した総額として求められる。

〈DCF法の公式〉

　　不動産の収益価格：V＝PW Cash Flow ＋ PW Reversion
　　不動産の価値＝保有期間中の各年度の収入金額の現在価値の合計額
　　　　　　　　＋売却予想価格の現在価値
　PW Cash Flow (Present Worth Cash Flow)：
　　投資不動産の保有期間中における各年度の収入金額の現在価値を合計した金額
　PW Reversion (Present Worth Reversion)：
　　売却時の予想売却額の現在価値

〈比率法の公式〉

$$不動産の収益価格：V＝\frac{不動産の純収益NOI}{総合還元利回りRo}$$

4 ｜ 比率法の考え方

　比率法では不動産の賃貸収入により得られる純収益を適切な還元利回りによって還元して収益価格を求める。
　不動産の純収益は不動産を賃貸することにより得られる実質的総収入から営業経費支出を控除した残額として求められる。この純収益は投資期間の初年度における純収益を使うこともあるが、比率法を単純に適用する場合の純収益は将来の期間の純収益をも考慮して、標準的な純収益を使う方法が適切である。
　還元利回りRoは将来の純収益を現在価値に割り戻すための割引率に、将来投資期間が終了し、不動産を売却したときに見込まれる売却利益または

売却損失により求められる利回りをも含めて求められる。

〈比率法を適用する収益還元法の公式〉

$$不動産の価値 = \frac{不動産の純収益}{還元利回り}$$

$$還元利回り Ro = 割引率 Yo - 将来の価値の増減 \varDelta o \times 償還基金率 \frac{1}{Sn}$$

　DCF法を適用する収益還元法の説明において、3つの異なる条件により、DCF法による収益価格を求めた。即ち将来の売却予想額が現在と同じ場合、将来の売却予想額が10％増価する場合、将来の売却予想額が20％減価する場合の3つのケースである。これらのDCF法により求めた収益価格を比率法で同じように求めてみる。

　還元利回りは割引率に将来の値上り分または値下り分を年換算した数値を増減して求める。なお、将来の増減分を年率に換算するには、償還基金率を使うことになるが、償還基金率を計算する利率は割引率（この本の設例では3.8％を使用）を適用する。

〈計算例2-4　計算例2-1を比率法で求める例〉

　不動産から毎年計上される純収益は1,000万円、10年後の不動産の価値は現在の価値と同じであると仮定する永久還元法により収益価格を求める。
　還元利回りRoは次の公式を適用して求めるが、永久還元の場合、還元利回りは割引率3.8％と同じ比率になる。

$$還元利回り Ro = 割引率 Yo - 将来の価値の増減 \varDelta o \times 償還基金率 \frac{1}{Sn}$$

	A	B	C
1	PMT(償還基金率)	数式	値
2	利率		0.038
3	期間		10
4	現在価値		0
5	将来価値		¥1
6	支払期日		0
7	定期支払額	=PMT(C2,C3,C4,C5,C6)	¥-0.084066

セル C7 には `=PMT(C2,C3,C4,C5,C6)`

$$Ro = Yo - \Delta o \times \frac{1}{Sn}$$
$$= 0.038 - 0 \times 0.084066$$
$$= 0.038$$

$$不動産の価値 V = \frac{不動産の純収益}{還元利回り}$$
$$= \frac{10,000,000円}{0.038}$$
$$= 263,157,895円$$
$$\fallingdotseq 263,000,000円$$

　毎年1,000万円の純収益を現在価値に割り戻す割引率は3.8％である。将来の不動産価値の増減があると予測される場合は、この将来の増減を投資期間中の各年に配賦する。この増減を年率に換算するために償還基金率を使用するが、このケースでは10年後は現在の価値と同じであり、増減がないため、Δo は0となり、還元利回りは割引率と同じ3.8％となる。

〈計算例2-5　計算例2-2を比率法で求める例〉
　不動産の純収益は1,000万円、10年後の不動産の価値は現在の価値の10％増であると予測して還元利回りを求める。還元利回りは0.029593となり、収益価格は3億3,800万円と求められる。

$$還元利回り R_o = Y_o - \Delta_o \times \frac{1}{S_n}$$
$$= 0.038 - 0.1 \times 0.084066$$
$$= 0.029593$$

$$不動産の収益価格 V = \frac{純収益}{還元利回り}$$
$$= \frac{10,000,000円}{0.029593}$$
$$= 337,917,751円$$
$$\fallingdotseq 338,000,000円$$

　割引率は3.8％であるが、10年後に不動産の価値は10％増加すると予測した場合、10年後の10％の増加分を年率に換算して調整する必要がある。将来の増減価分を毎年の年率に換算するためには償還基金率が適用される。10年、3.8％の償還基金率は0.084066であるから、年率－0.0084066（0.1×0.084066）を割引率 0.038から控除する必要があり、還元利回りは0.029593（0.038－0.0084066）となる。

　還元利回りを0.029593として1,000万円の純収益を割ると収益価格は3億3,800万円となり、計算例2-2でDCF法によって求めた収益価格と同じ価格となって求められる。

　償還基金率は、将来の価値の増減を予測してその増減分を投資期間の各年に配賦するための比率であり、アメリカではGreat Annualizer（年賦償還率）とも言われていた。

〈計算例2-6　計算例2-3を比率法で求める例〉

　不動産の純収益は1,000万円、10年後の不動産の価値は現在よりも20％減価すると予測した場合の還元利回りを求める。

$$還元利回り R_o = Y_o - \Delta_o \times \frac{1}{S_n}$$

$$= 0.038 - (-0.2) \times 0.084066$$
$$= 0.054813$$

$$不動産の収益価格 V = \frac{純収益}{還元利回り}$$
$$= \frac{10,000,000円}{0.054813}$$
$$= 182,438,473円$$
$$\fallingdotseq 182,000,000円$$

　10年後に不動産の価値が20％減価すると予測される場合、10年後の減価分－20％を10年間の毎年に配賦する必要が生じる。この減価分は年率で－0.016813（－0.2×0.084066）となり、還元利回りは割引率の0.038に値下り分の年率0.016813を加えた0.054813となる。
　1,000万円の純収益を0.054813の還元利回りで割って求めると、収益価格は1億8,200万円となり、計算例2－3でDCF法を適用して求めた収益価格と同じ価格となっている。

〈計算例2-7　赤字の純収益の場合の計算例を比率法で求める例〉
　不動産の純収益は－500万円の赤字で、10年後には不動産の価値は現在の価値の2倍になると予測される場合の還元利回りを求める。

$$還元利回り Ro = Yo - \varDelta o \times \frac{1}{Sn}$$
$$= 0.038 - (1.0) \times 0.084066$$
$$= 0.038 - 0.084066$$
$$= -0.046066$$

$$不動産の収益価格 V = \frac{純収益}{還元利回り}$$

$$= \frac{-5,000,000 円}{-0.046066}$$

$$= 108,539,921 円$$

$$\fallingdotseq 109,000,000 円$$

　バブル経済の時期には不動産価格が高騰したので、不動産の投資利回りは低くなっていた。不動産にプラスの純収益は生じないで、赤字となる不動産投資も多く見受けられた。毎年が赤字の純収益であっても、将来、不動産の価値が値上りすると見込まれる場合、不動産投資として十分に採算が取れるものであったと考えられる。

　割引率は3.8％が必要である。10年後に不動産の価値が2倍になると予測される場合、不動産の増価率は100％である。この増価分を10年間に配賦すると、年率0.084066（1.0×0.084066）となる。したがって、還元利回りは－0.046066（0.038－0.084066）となり、赤字の純収益－500万円をマイナスの還元利回り－0.046066で割って求めると収益価格は1億900万円となって求められる。

　バブル経済の時期には現在考えると、全くあり得ない将来の大幅な値上り益を期待して高い価格の不動産でもあえて購入していたことが明らかである。

5 純収益が変動する場合のDCF法の適用

　純収益が毎年同じであると想定してDCF法を適用して説明をしたが、本来賃貸収入による純収益が10年間毎年同じであると仮定することは現実的ではない。

　時の経過にしたがって修繕費が増加することも考えられる。また建物が老朽化することにより、家賃が低くなることもあり得る。ある時期に大き

な特別修繕費が発生することも予測される。したがって、賃貸による純収益は10年間の投資期間中に変動するのが通常である。

毎年の純収益の予測と将来の売却予想額を建物の価値の減価を考慮し、現在価値の20％減としてDCF法による収益価格を求めてみる。

このように毎年の純収益の予測が変動する場合には比率法は適用することはできない。しかし、DCF法を適用すると、どのような純収益の変動にも対応できるので、DCF法の適用範囲が多く、かつ誰にでも判り易い手法であると言われている。

〈計算例2-8　純収益が変動する場合〉

年	毎年の純収益	3.8％の複利現価率	現在価値
1	10,000,000	0.963391	9,634,000
2	10,500,000	0.928122	9,745,000
3	10,000,000	0.894145	8,941,000
4	9,700,000	0.861411	8,356,000
5	9,500,000	0.829876	7,884,000
6	10,000,000	0.799495	7,995,000
7	10,500,000	0.770227	8,087,000
8	9,800,000	0.74203	7,272,000
9	9,500,000	0.714865	6,791,000
10	9,500,000	0.688694	6,543,000
毎年の純収益の現在価値の合計			81,248,000
10年	売却収入0.8×V	0.688694	0.550955×V

不動産の価値V＝毎年の純収益の現在価値の合計
　　　　　　　＋将来の売却予想額の現在価値

$$V = 81{,}248{,}000\text{円} + 0.550955 \times V$$

$$(1 - 0.550955) \times V = 81{,}248{,}000\text{円}$$

$$V = \frac{81{,}248{,}000円}{(1-0.550955)}$$
$$= 180{,}935{,}096円$$
$$\fallingdotseq 181{,}000{,}000円$$

　毎年の純収益が同じでない場合でも、DCF法を適用して収益価格を求めることは容易である。しかし、毎年の純収益が変動する場合には比率法を適用することができない。

　不動産の賃貸収入が毎年同じ金額であると想定することは現実的ではない。10年間の予測期間を考えてもある年には大きな修繕が予想されることもある。またある時期には空室が発生すると現在の契約からも考えられることがある。

　比率法を適用するには、賃貸収入が毎年一定であると予測して標準的な純収益を査定することになる。または単純に1年目の純収益を使って収益還元して収益価格を一応求めることになる。

　従来は不動産の鑑定評価では収益価格を求める場合に比率法を適用していたが、永久還元法による考え方を採用していた。永久還元法は田畑のような農地の収益価格を求めるためには有効な手法であるが、土地建物一体の不動産の収益を永久還元することは理論上誤りである。

　今後不動産の適正な価格を求めようとすると、将来の純収益をできるだけ正確に予測して、かつ適正な割引率を査定し、DCF法を適用した収益価格を査定しなければならないと考える。

第3章
割引率と還元利回り

第1章と第2章では不動産の収益価格を求めるための考え方と、その手法について簡単な設例を利用して説明した。収益価格を求めるためには、不動産から得られると見込まれる純収益を正確に査定し、その純収益を適切に割り引くか還元して求めるための割引率（Discount Rate）または還元利回り（Capitalization Rate）が合理的な比率であることが必要である。
　不動産賃貸により得られると考えられる純収益を予測することは不動産に詳しい人たちには比較的容易なことである。
　しかし割引率および還元利回りを査定することは日本では一般的に不慣れであり、難しいことである。1％異なる比率を適用することにより、求められる収益価格は大幅に異なってくる。
　例えば、ある不動産から年間1,000万円の純収益が見込まれると想定して異なる還元利回りで元本としての不動産の価格を求めてみる。

　　還元利回り4％　10,000,000円÷0.04＝250,000,000円
　　還元利回り5％　10,000,000円÷0.05＝200,000,000円

　割引率（Yo）は将来に入金が予測される金額を現在価値に割り戻すための利率である。将来の入金額から現在価値を求めるために将来の入金額を何％の複利現価率で割り引くべきかを決める利回りである。
　還元利回り（Ro）は単純に不動産の価値と純収益との比率である。還元利回りは毎年の純収益に対する割引率に不動産の価値の将来における増加率または原価率を加算して求める。
　不動産から計上される純収益をいくら精密に計算して求めたとしても、その純収益を割り戻す割引率および還元利回りが少し変わってくると、求められる収益価格は大幅に異なる金額となる。

1 割引率の査定

　割引率を求めることは、不動産投資をする場合の資金の調達コストを調べることである。不動産を購入する場合、自己資金のみで購入することはない。不動産投資は金額が大きくなるので、金融機関の借入金を有効に使用して不動産を購入するはずである。
　不動産投資家が金融機関から長期借入金を調達する場合、どのような融資条件で借り入れすることができるかを考えてみる。
　金融機関の貸出金利は低くなっているが、長期資金の貸付けを行う場合には、固定金利を避け、変動金利で融資していることも多いと思われる。長期間で借り入れする場合の金利をどの程度で見込むかは難しい。現在の超低利な金利が今後、長期間継続するとは予測できない。
　現在、貸出金利は2％台の低い利率が多くなっている。したがって割引率を査定する際の借入金の金利は返済期間が20年とすると、年3％程度見込む必要があると判断される。
　不動産投資家の自己資金に対する期待利回りは他の資産に投資して運用することを考慮に入れると、比較的安全と見込まれる不動産投資には、期待利回りは5％程度で十分であると判断される。
　自己資金に対する期待利回りの5％は、不動産投資の危険性を考慮すると、低い利回りと思われるかもしれない。しかし、不動産を賃貸する場合空室率の多さとか貸倒れの損失は、不動産収入から経費を控除する際に考慮されるべき条件である。したがって、自己資金を投資して安全に回収することを前提として投資利回りを検討する場合には、5％程度でも十分に有利な資金運用であると認められる。

　期待利回りおよび割引率を求める公式は次のとおりである。

期待利回り

$$Y = m \times Rm + (1-m) Ye$$

割引率

$$Yo = Y - m \times P \times \frac{1}{Sn}$$

記号の説明

- Y ＝期待利回り（Yield Rate）
- Yo ＝割引率（Discount Rate）
- m ＝借入金の割合（Loan-to-Value Ratio） 70％
- Rm ＝借入金の元利金返済比率（Mortgage Constant）
- (1－m) ＝自己資金の割合 30％
- Ye ＝自己資金に対する期待利回り 5％
- P ＝投資期間に返済した借入金の割合
- $\frac{1}{Sn}$ ＝償還基金率 5％、10年で求める

上記の公式を適用して割引率を求める条件を次のとおり設定する。

自己資金の比率30％、借入金の元利返済比率は借入期間20年、金利3％とする。自己資金に対する期待利回り5％、投資期間を10年として割引率を次の公式で求める。

借入期間が20年で借り入れた場合、10年間では元金の42.66％が返済されている。この返済分を毎年に配賦する比率が5％で期間が10年の年賦償還率である。

借入金 m0.7	× Rm 0.067216	＝ 0.047051
自己資金 (1－m) 0.3	× Ye 0.05	＝ 0.015000
	小計	0.062051

$$\frac{\text{元金返済分} - \text{m } 0.7 \times \text{P } 0.426636 \times \frac{1}{S_n} 0.079505 = -0.023744}{\text{割引率 Yo} \qquad\qquad\qquad 0.038307}$$

上記の条件で求めた割引率は0.038307となり、ほぼ3.8％となった。
Rmは次のとおり求められる。

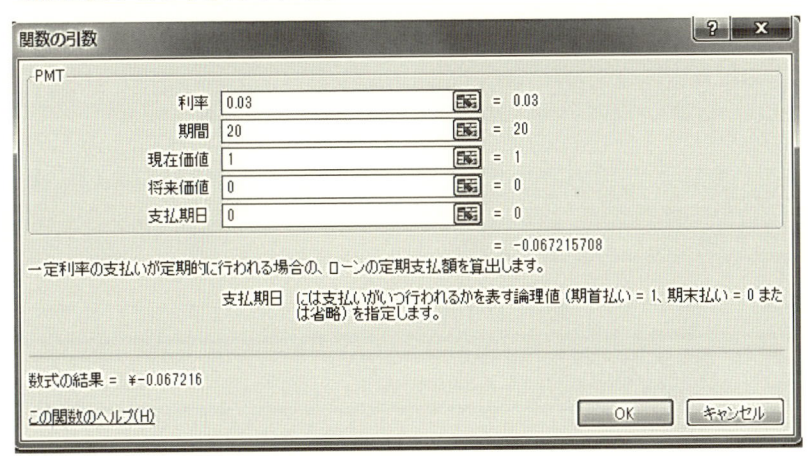

[PMT関数ダイアログ: 利率 0.03、期間 20、現在価値 1、将来価値 0、支払期日 0、数式の結果 = ¥-0.067216]

Pは次のとおり求められる。

[CUMPRINC関数ダイアログ: 利率 0.03、期間 20、現在価値 1、開始期 1、終了期 10、数式の結果 = -0.426636]

$\dfrac{1}{S_n}$ は次のとおり求められる。

2 割引率の考え方

　DCF法を適用した収益還元法により収益価格を適正に、かつ合理的に求めるためには最初に不動産の純収益について正しく理解し、将来の毎年の適正な純収益を査定することが必要である。

　次に毎年の純収益と売却したときの売却収入額を現在価値に割り戻す割引率を適正に求めることが重要である。純収益は不動産に詳しい人ならば、考え方さえ理解すれば比較的容易に求められる。

　しかし、割引率と還元利回りについては、不動産の利回りの本質を正しく理解することが重要である。

　割引率と還元利回りは正確に合理的根拠に裏付けられて査定されないと、簡単に意味のない誤った金額として収益価格が求められる結果になる。

　DCF法を適用する収益還元法による場合には割引率が重要となる。

　割引率（Yo）は将来に入金が予測される金額を現在価値に割り戻すための利率である。将来の入金額から現在価値を求めるためには将来の入金額を何パーセントの複利現価率で割り引くべきかを決める利回りである。

割引率はアメリカではディスカウント・レートといわれる。割引率は不動産投資に必要とされる収益率である。不動産投資のための資金を融資する金融機関および不動産投資家が要求する投資利回りである。不動産を購入するために借入金と自己資金を使用する場合、借入金に対しては、金利分の収益が必要であり、自己資金に対しては投資家が求める期待利回り分の収益が確保される必要がある。

　割引率は借入金と自己資金の持分割合に応じ、借入金には利息、自己資金には期待利回りを乗じて加重平均して求める投資収益率である。自己資金に対する期待利回りは不動産投資が資金をいつまでも使用できる時間の自由と流動性を放棄すること、および経営の難しさと投資の危険性を補うことを考慮して求める比率である。割引率は投資持分の単純平均またはモールゲージエクイティ法を利用して求められる。割引率は不動産投資の元本に対して必要とされる投資利回りである。

　借入金に対しては元利返済額が必要であるが残りの自己資金に対して当然ある程度の収益を期待するはずである。不動産の投資は注意深く検討して決定したとしても元金保証の国債などに比較して危険性がある投資である。

　長期借入金に対する利率は現状では2～3％程度である。銀行が融資する場合、回収の安全性を確保するために担保をとって貸し付けている。

　不動産投資家は自己の責任で不動産投資をしているので、安全性を保証するものはない。したがって自己資金に対する期待利回りは借入金の金利より若干高くなって当然である。

　不動産投資家は不動産投資が長期間の投資となるために将来に対する保証を加えると、元本が保証されている金銭債権の利回りのほかに自己資金に対しては5％程度の投資収益率を要求すると思われる。

　不動産投資をする際には借入金を利用するのが通常であり、借入金を調達する金利と、自己資金に対する期待利回りで割引率は決められることになる。

なお、割引率を求める場合に借入金の返済期間を20年として返済を元利均等償還で想定する。10年間で割引率を求めるためには、10年間の元金の返済分とその返済分を毎年に配賦するために償還基金率を使って計算する必要がある。

3 | 割引率の簡単な仕組み

　割引率について理解するために簡単な設例を利用してみる。不動産を購入する際に、借入金と自己資金を利用すると考えられるが、不動産を購入するために投資した自己資金と借入金に対して何％の利回りが得られれば採算に合うかを求める。

　不動産に対する期待利回りは、自己資金については預金、債券、投資信託等から得られる利回り、借入金については、借入金の金利から求められる。

　簡単に仕組みを理解するために、借入金を不動産の売却時に一括返済することを条件として割引率を試算してみる。
　借入金の比率70％、利率3％で元金は最終的に一括返済と仮定する。
　自己資金の比率30％、自己資金に対する期待利回りを5％とする。
　借入金と自己資金の持分割合から割引率は次のように求められる。

```
　　借入金　　　0.7 × 0.03 = 0.021
　　自己資金　　0.3 × 0.05 = 0.015
　　　　　　　　　割引率　　0.036
```

　借入金を返済時に一括返済する融資の方法はバブル経済の時期にはあったが、現状では銀行はこの貸し方はしないと思われる。アメリカではバルーンペイメントと言われている。バルーンペイメントでは、借入金の元

金を投資期間中は返済しないので、借入金については利息のみの利回りで十分と考えられる。

4 割引率と還元利回りの関係

　DCF法を適用する場合には、割引率が使用される。割引率は将来のキャッシュフローを現在価値に割り戻す時に利用される比率である。この割引率は投資する資金に対していくらのキャッシュフローが必要であるかを判定する比率であり、また不動産の投資資金を調達するためのコストから求められる比率でもある。割引率は自己資金に対する期待利回りと借入金に対する金利から計算されることになる。

　還元利回りは純収益と不動産の価値との比率である。還元利回りは毎年の純収益から得られる収益率（割引率）と将来不動産を売却した時に生じるキャピタルゲインまたはキャピタルロスの比率を一括してひとつの利回りとして求めている。

　還元利回りは次の公式で求められる。還元利回りは割引率から将来のキャピタルゲインまたはキャピタルロスの比率を控除して求められる。

　還元利回りは一つの標準的な収入から元本としての収益価格を求めるための比率である。還元利回りは割引率に将来の価値の増減を加算して求められる比率である。

　　還元利回り　$Ro = Yo - \Delta o \times \dfrac{1}{Sn}$
　記号の説明

　　Ro　＝還元利回り
　　Yo　＝割引率　3.8％
　　Δo　＝不動産の価値の増減率
　　$\dfrac{1}{Sn}$　＝償還基金率

不動産の価値が値上りすると予想される場合には毎年の純収益から得られる収益率が低くても、将来のキャピタルゲインが全体の投資収益率を引き上げることになる。

　10年後に不動産の価値は30％増価すると予測される場合には還元利回りは次のとおり低い比率でも良いことになる。将来の30％の価値の増加分を年率に換算するのが償還基金率であり、5％、10年の償還基金率は0.079505となる。この償還基金率により、将来の値上り益を年当たりに換算している。この値上り分は割引率から控除して考えられるべきであるとして還元利回りは求められる。

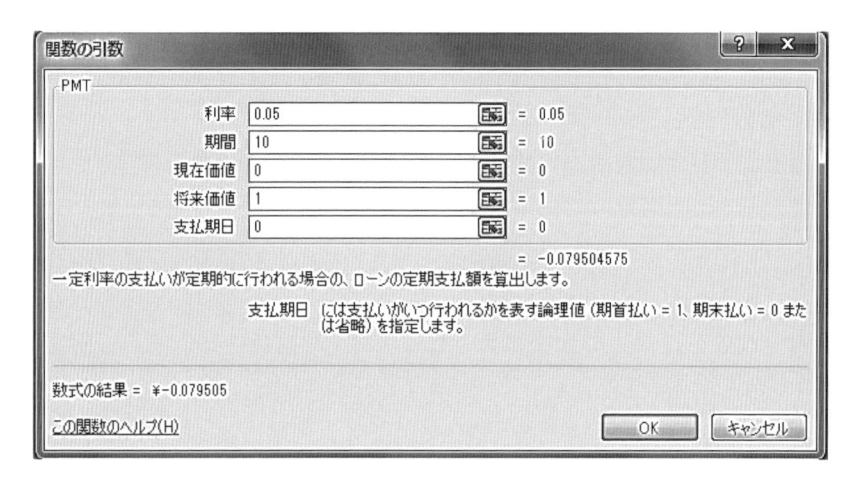

$$Ro = Yo - \Delta o \times \frac{1}{Sn}$$

$$= 0.038 - (+0.3) \times 0.079505$$
$$= 0.038 - 0.023852$$
$$= 0.014148$$

　割引率が3.8％として、不動産の価値が10年後に30％増価すると予測される場合の還元利回りは1.4％の比率となる。

設例1で1.4％の還元利回りを採用している。

逆に10年後に不動産の価値が30％減価することが予測される場合、将来のキャピタルロスをカバーするために毎年の純収益の利回りは高くなる必要がある。

$$Ro = Yo - \Delta o \times \frac{1}{Sn}$$

$$= 0.038 - (-0.3) \times 0.079505$$
$$= 0.038 + 0.023852$$
$$= 0.061852$$

この場合の還元利回りは6.2％となっている。

設例2では6.2％の還元利回りを採用している。

以下において、還元利回りと割引率を解説するために設例を利用してその考え方を述べてみる。

設例1　10年後の不動産の価値が30％増加したケース

不動産の価値	10億円
割引率	3.8％
還元利回り	1.4％
純収益	14,000,000円（1,000,000,000円×1.4％）
10年後の不動産の価値	13億円（30％の増加）

年	純収益	売却収入	3.8％の割引率	現在価値
1	14,000,000		0.963391	13,487,000
2	14,000,000		0.928122	12,994,000
3	14,000,000		0.894145	12,518,000
4	14,000,000		0.861411	12,060,000

5	14,000,000		0.829876	11,618,000
6	14,000,000		0.799495	11,193,000
7	14,000,000		0.770227	10,783,000
8	14,000,000		0.74203	10,388,000
9	14,000,000		0.714865	10,008,000
10	14,000,000	1,300,000,000	0.688694	904,944,000
			計	1,009,993,000
			≒	1,000,000,000

E11　fx　=ROUND((B11+C11)*D11,-3)

	A	B	C	D	E
1	年	純収益	売却収入	3.8％の割引率	現在価値
2	1	14,000,000		0.963391	13,487,000
3	2	14,000,000		0.928122	12,994,000
4	3	14,000,000		0.894145	12,518,000
5	4	14,000,000		0.861411	12,060,000
6	5	14,000,000		0.829876	11,618,000
7	6	14,000,000		0.799495	11,193,000
8	7	14,000,000		0.770227	10,783,000
9	8	14,000,000		0.74203	10,388,000
10	9	14,000,000		0.714865	10,008,000
11	10	14,000,000	1,300,000,000	0.688694	904,944,000
12				計	1,009,993,000

$$還元利回り R_o = \frac{純収益}{不動産の価値}$$

$$= \frac{14,000,000円}{1,000,000,000円}$$

$$= 0.014$$

　割引率3.8％で、10年後の不動産の価値が30％増価すると予測される場合の還元利回りは0.014と計算された。
　割引率3.8％と還元利回り1.4％と差異が生じているが、この両者の数値が妥当であることをDCF法を適用して検証している。

不動産の現在価値を10億円で想定すると、10年後の不動産の価値は13億円（10億円×1.3）となり、毎年の純収益は14,000,000円（10億円×0.014）となる。

将来のキャッシュフローを3.8％の割引率を使って現在価値に割り引いた合計金額は10億円となっている。

このDCF法の適用例から3.8％の割引率と1.4％の還元利回りの関連は理解されると思う。

また、毎年の純収益14,000,000円を不動産の価値10億円で割って求めると0.014の還元利回りが求められる。

逆に10年後に不動産の価値が30％減価することが予測される場合、将来のキャピタルロスをカバーするために毎年の純収益の利回りは高くなる必要がある。

10億円の投資元本に対して、将来13億円になると予測される場合の純収益は0.014の利回りで十分に採算が取れる。純収益と不動産の価値との比率である還元利回りが0.014で毎年の純収益が14,000,000円であるならば不動産の価値は10億円となる。

$$不動産の収益価格 V = \frac{純収益\ \ 14,000,000円}{還元利回り\ \ 0.014}$$

$$= 10億円$$

設例2　10年後の不動産の価値が30％減少したケース

不動産の価値　　10億円
割引率　　　　　3.8％
還元利回り　　　6.2％
純収益　　　　　62,000,000円（1,000,000,000円×6.2％）
10年後の不動産の価値　7億円（30％の減価）

年	純収益	売却収入	3.8%の割引率	現在価値
1	62,000,000		0.963391	59,730,000
2	62,000,000		0.928122	57,544,000
3	62,000,000		0.894145	55,437,000
4	62,000,000		0.861411	53,407,000
5	62,000,000		0.829876	51,452,000
6	62,000,000		0.799495	49,569,000
7	62,000,000		0.770227	47,754,000
8	62,000,000		0.74203	46,006,000
9	62,000,000		0.714865	44,322,000
10	62,000,000	700,000,000	0.688694	524,785,000
			計	990,006,000
			≒	1,000,000,000

	A	B	C	D	E
				E11	=ROUND((B11+C11)*D11,-3)
1	年	純収益	売却収入	3.8%の割引率	現在価値
2	1	62,000,000		0.963391	59,730,000
3	2	62,000,000		0.928122	57,544,000
4	3	62,000,000		0.894145	55,437,000
5	4	62,000,000		0.861411	53,407,000
6	5	62,000,000		0.829876	51,452,000
7	6	62,000,000		0.799495	49,569,000
8	7	62,000,000		0.770227	47,754,000
9	8	62,000,000		0.74203	46,006,000
10	9	62,000,000		0.714865	44,322,000
11	10	62,000,000	700,000,000	0.688694	524,785,000
12				計	990,006,000
13				≒	1,000,000,000

$$還元利回り\, R_o = \frac{純収益}{不動産の価値}$$

$$= \frac{62,000,000 円}{1,000,000,000 円}$$

$$= 0.062$$

10億円で購入した不動産が、将来7億円となると予測される場合、純収益は将来の不動産の値下りをカバーするため、毎年の純収益は高い利回りとなる必要があり、還元利回りは6.2%となる。10億円に対して6.2%の純収益は62,000,000円であり、上記のとおり、毎年62,000,000円の純収益が計上されると10年後には3億円の売却損が発生すると予測しても、現在の不動産の価値は10億円となる。

$$不動産の収益価格V = \frac{純収益\quad 62,000,000円}{還元利回り\quad 0.062}$$

$$= 10億円$$

還元利回りと割引率の関係を単純に、より判り易く説明するために下記の公式がある。投資期間における不動産の価値の増減を投資期間の年数で割って、1年当たりの利回りを求める。

10年間の値上りを毎年の利回りに反映させる考え方を説明するために投資期間中の値上り分、または値下り分に対する利回りを考慮せず、10年間の増減価分を単純に10年間で割って還元利回りを求めてみる。

$$Ro = Yo - \Delta o \times \frac{1}{n}$$
$$n = 投資期間、ここでは10年$$

$$Ro = 0.038 - (+0.3) \times \frac{1}{10}$$
$$= 0.038 - 0.030$$
$$= 0.008$$

10年間で30%の値上りとなる価値の増価分を10年間で均等に配分すると3.0%となり、割引率が3.8%として投資コストが計算されている場合、将来のキャピタルゲインがあるため、還元利回りは0.8%でも十分に採算が取れる。

毎年の純収益は少額な金額であっても将来の売却益で十分に採算が取れることになる。

10年間に30％の値下りがあると予測できる場合は還元利回りは次のように求められる。

$$Ro = Yo - \Delta o \times \frac{1}{n}$$
$$= 0.038 - (-0.3) \times \frac{1}{10}$$
$$= 0.038 + 0.030$$
$$= 0.068$$

10年間で30％値下りすることは、毎年3.0％の値下り分を純収益でカバーしなければならない。したがって純収益は投資した資金に対し、6.8％の利回りが必要となる。

投資期間終了後の将来の増減価分を毎年均等に配分する際に単純に投資期間の年数で割ることは、その間の増減価分については投資期間中の運用利回りを一切考慮しないことになる。この想定は現実的ではなく実際には償還基金率を使用して運用利回り分を調整している。

還元利回りを使用するためには、純収益は投資期間中、同じ金額でなければならない。そのため標準的な純収益を初年度の純収益をベースとして査定することが必要となる。

5 金融機関の立場から求める還元利回り

アメリカでは金融機関が収益用不動産に融資する場合に融資額を決定する判断材料としてDCR（Debt Coverage Ratio）がある。DCRは年間純収

益を年間元利返済額で割って求める比率であり、次の公式で求められる。

$$DCR = \frac{純収益}{元利返済額}$$

DCRは不動産から得られる純収益で借入金の元利返済額が十分に返済できることを確認するために利用されるが、銀行はDCRを1.05～1.2の比率で考えている。元利返済額の1.05倍から1.2倍の純収益がある場合に金融機関は元利返済額から計算される元本分を融資することになる。

不動産を購入する場合、金融機関からの借入金を利用するのが通常である。不動産投資家に不動産を購入する意思があっても金融機関が融資してくれなければ不動産の購入は不可能となる。不動産の価値は購入希望者がその不動産にいくらのお金を支払うかによって決まる。

しかし、不動産を購入する意思があっても購入資金を調達できなければ有効な需要とはならない。金融機関が不動産投資の資金を融資するか否かの決定権を持っている。

不動産市場において、不動産の価格がどのように推移するかは金融機関が不動産の投資資金に対してどのように考えるかによって依存している部分が大きい。

アメリカの銀行がDCRと融資比率をどのように決定するかによって還元利回りが決められる。

$Ro = DCR \times Rm \times m$

$Ro =$ 還元利回り

$Rm =$ 借入金と借入金の元利返済額の比率、年賦償還率

$$Rm = \frac{元利返済額}{借入金}$$

$m =$ 不動産の価値に対する借入金の比率

$$m = \frac{\text{元利返済額}}{\text{不動産の価値}}$$

銀行がDCRを1.05、融資期間20年、金利3％、不動産の価値に対し、70％まで融資すると決定すると、還元利回りは上記の公式によって求められる。

Rm 借入金の元利返済額は次のExcelの計算で求められる。利率3％、返済期間20年の0.067216と求められる。

$$\begin{aligned} Ro &= DCR \times Rm \times m \\ &= 1.05 \times 0.067216 \times 0.7 \\ &= 0.049404 \\ &= 4.9\% \end{aligned}$$

還元利回りは4.9％と求められる。

上記の公式の意味を説明すると次のようになる。

10億円の不動産があり、不動投資家が金融機関からの借入金を利用して購入を計画する場合、銀行は10億円の70％の7億円を融資する。元利返済額は47,051,200円（7億円×0.067216）となり、この不動産から得られる純収益が49,403,760円（47,051,200円×1.05）にならなければ銀行はこの

不動産投資に融資をしないことになる。したがって還元利回りは次のとおり0.049404となる。

$$還元利回り Ro = \frac{純収益}{不動産の価値} \quad \frac{49,403,760円}{1,000,000,000円}$$

$$= 0.049404$$

前記の公式を次のように分解してみると、DCRを利用する還元利回りRoは4.9％と求められることが判るはずである。

$$Ro = DCR \times Rm \times m$$

$$= \frac{純収益}{元利返済額} \times \frac{元利返済額}{借入金} \times \frac{借入金}{不動産の価値}$$

$$= \frac{純収益}{不動産の価値}$$

還元利回りRoは不動産の価値と純収益の比率であり、上記の公式によりDCRから還元利回りが求められる。

なお、金融機関が純収益を査定するに当たり、初年度の純収益を検討するとともに、将来の純収益をも予測し、標準的な年間純収益を見積もって融資額を決定すると考えられる。

上記の設例の融資が10年後に事故となり返済が滞ったとしても、不動産の取得時の借入金は7億円であったので、10年後の融資残高は4億3,373万円となっている。現在10億円の不動産が40％値下りして、6億円となったと仮定してもその時の融資残高が4億3,373万円であれば、貸付金は十分回収できることになる。

	A	B
1	CUMPRINC(元金の返済累計)	
2	利率	0.05
3	支払回数	20
4	現在価値	¥700,000,000
5	開始	1
6	終了	10
7	支払期日	¥0
8	10年後の元金支払額	-266,271,608
9	10年後の元金残高	433,728,392

B8: =CUMPRINC(0.05,20,700000000,1,10,0)

6 | 不動産投資家の投資利回り

次に、不動産投資家の投資利回りについて前記の設例を利用して検討してみる。不動産投資家は3億円の自己資金を投資して毎年の純収益49,403,760円から元利返済額47,050,995円を控除した残額2,352,764円が毎年手元に残すことになる。自己資金が3億円であるから、この投資利回りは表面的には0.7843％となる。

$$\text{投資利回り} = \frac{2{,}352{,}764\text{円}}{300{,}000{,}000\text{円}} = 0.007843$$

$$= 0.7843\%$$

しかし、この不動産を10年間所有していると仮定すると、10年の間に不動産投資家は7億円の借入金から元金2億8,645万円を返済していることになる。この元金返済分を10年で単純に割って求めると、年間28,645,000円になり、この元金返済の金額分だけ投資家の持分が増えていることが判ると思う。この投資家持分を考慮すると、投資利回りは実質的に次のように求められる。

第3章　割引率と還元利回り

$$投資利回り = \frac{2,352,764円 + 28,645,000円}{300,000,000円}$$

$$= 0.103326$$

$$= 10.3\%$$

　この投資による収入は、年間の賃貸収入2,352,764円と元金の返済分28,645,000円の合計金額30,997,764円となり、当初の投資金額3億円に対して10.3％の投資利回りとなる。

　不動産の価値が将来増減価しないと予測すると不動産投資家の投資利回りは10.3％となる。

　10年後に結果的に286,450,000円の元金を返済していると計算される場合、10年間の毎年に配賦する場合、単純に10分の1で計算すると、10年間における運用利回りが考慮されていないことになる。

　そのため、10年後の286,450,000円を年間に配賦するには償還基金率を使用することによって運用利回りを考慮した投資利回りを求めることができる。

　5％、10年の償還基金率は0.079505である。

　286,450,000円×0.079505＝22,774,207円

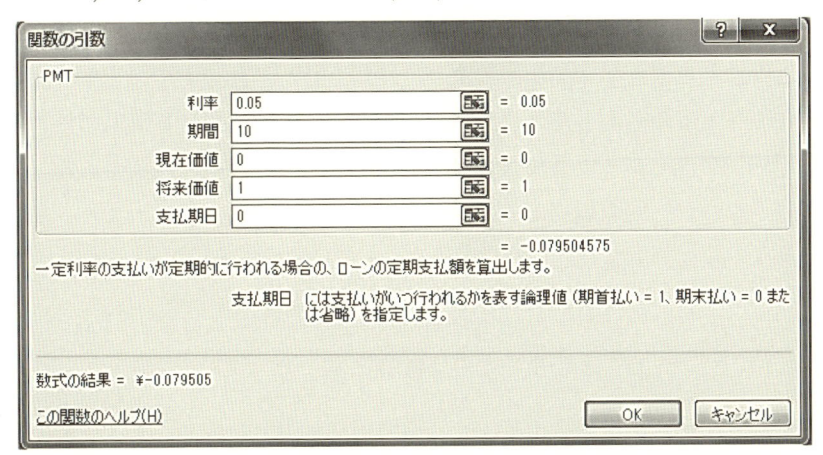

10年後の286,450,000円を運用利回りを考慮して求めると、元金返済分の年間の配賦額は22,774,207円となる。

この場合の不動産投資家の実質的な投資利回りは8.4%と求められる。

$$投資利回り = \frac{2,352,764円 + 22,774,207円}{300,000,000円}$$

$$= 0.083757$$
$$\fallingdotseq 8.4\%$$

金融機関が収益用不動産の融資額を決定する際に利用するDCRを基準として不動産投資の融資額を判断しているならば、不動産投資家も自己の投資額に対してそれなりの収益を計上できることが判ると思う。

7 不動産市場から求める還元利回り

日本でもオフィスビル、ホテル、賃貸マンション等の収益用不動産の売買が多くなっている。不動産を所有することが負担となっている個人及び企業が売却するケースがある。不動産取引当事者は不動産の売買の内容を明らかにすることには消極的であり、外部の者が不動産取引の実態を詳しく知ることは難しかった。しかし、近年不動産市場における取引の情報が一般的に公開されるようになった。不動産市場において、収益用不動産の売買がなされ、取引価格とその不動産の純収益の情報が得られると、その不動産の還元利回りを直接的に求めることが可能である。

$$還元利回り = \frac{純収益NOI}{不動産の取引価格SP}$$

不動産市場において、取引された収益用不動産の価格と、その不動産の

純収益を知ることができると収益用不動産の利回りは簡単に求めることが可能となる。この利回りが通称キャプレートと呼ばれる還元利回りである。

しかし、不動産市場において情報が公開されるようになると思われるが、不動産の取引価格が判っても、不動産の純収益までは情報が得られないこともあると認められる。その場合でも不動産の賃貸総収入は比較的容易に知ることができる。収益用不動産の維持管理に必要な諸経費は不動産所有者により異なることもあり得るし、この部分は特に公開が難しいと思われる。

不動産の取引価格と賃貸総収入が判る場合、収益用不動産の営業費用がオフィスビル、ホテル、賃貸マンション等の不動産の種類によって概算で経費率として知ることができるならば、その不動産の純収益は推測できるはずである。

不動産市場において収益用不動産が売買される場合、賃貸総収入は不動産の価格に対して7～10％となっていると認められる。賃貸総収入が不動産の取引価格の8％の利回りとなっていると想定する。この不動産がアパートであった場合、経費率は40％程度になると推測される。純収益は総収入から40％を控除した60％となるので、純収益の利回りは次のとおり4.8％と求められる。

$$\text{不動産の利回り} = \underset{\text{賃貸総収入率}}{8\%} \times (1 - \underset{\text{経費率}}{40\%})$$
$$= 4.8\%$$

このケースを設例により、具体的に説明すると次のようになる。

中層のアパートが10億円で売買されたが、賃貸総収入は年間8,000万円と査定される。アパートを経営するためには年間3,200万円の経費が支払われ、差引4,800万円の純収益が見込まれる。したがって、不動産の価格10

億円に対し、不動産の純収益が4,800万円となる。この場合、不動産の利回りは4.8%と求められる。

不動産がオフィスビルであり、賃貸総収入率が9%で経費率が35%であるならば、不動産の利回りは次のとおり5.85%となる。

$$\text{不動産の利回り} = \underset{\text{賃貸総収入率}}{9\%} \times (1 - \underset{\text{経費率}}{35\%})$$
$$= 5.85\%$$

このオフィスビルのケースも具体的に説明すると次のようになる。

オフィスビルが100億円で売買されたが、賃貸総収入は年間9億円と査定される。オフィスビルを経営するためには年間約35%程度の経費、3億1,500万円が必要と認められる。9億円の賃貸総収入から3億1,500万円の経費を控除して、不動産の純収益は5億8,500万円と求められる。この場合の不動産の利回りは5.85%となる。

不動産市場で売買されている収益用不動産の取引価格と賃貸総収入が判れば、利回りは比較的容易に推測することができる。

勿論、不動産の取引価格と不動産の純収益の情報が与えられるならば、簡単に利回りは求められるはずである。

8 │ GIMから求められる還元利回り

アメリカでは不動産の価格と賃貸総収入の関係を比率で求めるより乗数として求めている。不動産の取引価格が賃貸総収入の何倍になっているか

を求めており、この乗数がGIM（Gross Income Multiplier）である。

アメリカで不動産市場における収益用不動産の取引価格から求める還元利回りは次の公式で示されている。

$$Ro = \frac{NIR\ (Net\ Income\ Ratio)}{GIM\ (Gross\ Income\ Multiplier)}$$

NIR ＝ Net Income Ratio　純収益比率
GIM ＝ Gross Income Multiplier　総賃料乗数

GIMは不動産の取引価格を賃貸総収入で割って求めるので、不動産の利回りが8％であれば、GIMは逆数の12.5となり、10％の利回りであればGIMは逆数の10となる。

$$賃貸総収入率 = \frac{賃貸総収入\ GI\ (Gross\ Income)}{不動産の価格\ SP\ (Sales\ Price)}$$

$$総収入乗数 = \frac{不動産の価格\ SP\ (Sales\ Price)}{賃貸総収入\ GI\ (Gross\ Income)}$$

先にアパートとオフィスビルの利回りを求めてみたが、この例をそのまま上記の公式に適用して還元利回りを求めてみる。

アパートの場合
GIM ＝ 12.5
NIR ＝ 1 － 40％ ＝ 60％

$$Ro = \frac{NIR\ 60\%}{GIM\ 12.5}$$

$$= 4.8\%$$

アパートのケースを具体的に数字により説明する。

10億円のアパートに対し、賃貸総収入が年間8,000万円の場合、総賃料乗数GIMは12.5となる。アパートの経費に必要な経費率は40％であり、純収益比率は60％となり、年間の不動産の純収益は4,800万円となっている。この場合は不動産の利回りは4.8％と求められる。

オフィスビルの場合
$$GIM = 1 \div 0.09 = 11.11$$
$$NIR = 1 - 35\% = 65\%$$

$$Ro = \frac{NIR\ 65\%}{GIM\ 11.11}$$

$$= 5.85\%$$

オフィスビルのケースは次のように説明される。

オフィスビルの売買価格が100億円、賃貸総収入が9億円であるから、総賃料乗数は11.11（100億円÷9億円）と求められる。9億円の賃貸総収入に対し、経費が3億1,500万円となり、純収益は差引5億8,500万円と求められる。100億円の不動産価格に対して、不動産の純収益が5億8,500万円であるから、利回りは5.85％と求められる。

アメリカのGIMを利用して、不動産市場から求める還元利回りは前記の賃貸総収入率で求めた結果と同じことになる。比率として求めるか、あるいは乗数として求めるかの相違である。

第4章

不動産の種類による評価法

不動産の正常な価値を測定するためには原則として3つの手法があると考えられている。3つの手法とは取引事例比較法、原価法と収益還元法である。これらの評価方法について簡単に説明しておくが、これは収益用不動産を評価するためのDCF法を良く理解するために必要であり、他の手法を知ることによりDCF法が収益用不動産を評価するために効果的な評価法であると判明すると思う。

　収益用不動産に限らず全般的に不動産の適正な価値を合理的に測定することは難しいことである。いたずらに周辺の土地の売買価格を知って、その価格をそのまま受け入れているだけでは正常な価格を求めることはできない。例えば何か特殊な事情が存在したために高い売買価格あるいは低い売買価格があったとしても、その価格をそのままに受け入れることは誤りとなることもある。

　不動産の正常な価格を求めるためには市場において取引された異常な土地価格に振り回されることは避けるべきである。

1　不動産の2つの種類：収益用不動産と居住用不動産

　不動産は鑑定評価上、不動産の使用目的、および購入者の取得する動機により、大きく2つの種類に分けられる。すなわち、収益を上げることを目的とする収益用不動産と、快適に居住することを目的とする居住用不動産である。

　本書は、収益用不動産を評価するための不動産DCF法を説明することが主な目的で書かれている。

　賃貸用オフィスビル、賃貸用マンション、貸店舗ビル等の収益用不動産は、所有者がこれらの不動産を購入することによってその不動産から収益を上げることを目的としている。

一方、居住用不動産の所有者はその不動産を購入することにより、そこで快適に生活できることを目的としている。居住用不動産はその不動産から収益を得ることを期待して購入してはいない。

したがって、同じ不動産であっても所有する目的が異なっているために、収益用不動産と居住用不動産では価格形成要因が異なっており、その不動産の価値を同じような手法で評価することはできない。

収益用不動産の価値を求めるためには不動産から得られる収益を正しく測定しその収益を前提として適正な割引率または還元利回りを使って、不動産の収益価値を適正に求めることが必要である。

不動産の価値を測定するために、不動産の鑑定評価では原則として三つの方法があるとされている。取引事例比較法、原価法、収益還元法であり、不動産の鑑定評価をするためには、これらの三方式を適用する必要がある。

しかし、居住用不動産には、本来の収益還元法を適用することはできない。居住用不動産は元々その不動産から収益を上げることを目的として購入するものではないからである。

アメリカの不動産鑑定では、居住用不動産を評価するためには、取引事例比較法、原価法、および収益還元法に代わるGRM分析法が使用されている。

GRM分析法（Gross Rent Multiplier Analysis）は居住用不動産を評価するために、賃貸収入を基準としているが収益還元法ではない。GRM分析法は実際には取引事例比較法に属する手法である。家賃収入は比較の単位として利用されており、不動産の収入と不動産の取引価格との比率を基準として、評価対象住宅にGRM比率を適用して評価対象不動産の価値を求めている。

日本では収益用不動産と居住用不動産の評価手法の区別が明確になっていないと思われることがある。収益用不動産と居住用不動産の価格形成要因は異なっており、その違いを理解するために、収益用不動産の評価とともに居住用不動産の評価についても簡単に説明する。

(1) 収益用不動産

収益用不動産を購入する者は不動産投資家であり、投資目的で不動産を購入して、収益を計上することを期待している企業および個人である。

収益用不動産を取得するには多額の資金が必要であるために、不動産の購入者は金融機関からの借入金を通常は使っている。収益用不動産を賃貸して純収益を上げる目的で収益用不動産を取得するが、この不動産からの純収益は少なくとも借入金の元利金の返済ができる条件で不動産を購入するのが正常な不動産投資であると考えられる。

収益用不動産を取得する目的は、本来不動産投資により不動産から有利な収益を計上することにある。しかし毎年の賃貸収入からの純収益が少ない場合には将来不動産が値上りすることを期待している。不動産から毎年得られる純収益が少ない場合、不動産が値上りすることによる売却益によって収益を得ることを予測して収益用不動産に対する不動産投資を行っている。

本書は収益用不動産に対する収益価格の求め方と分析の方法を説明する目的で書かれており、収益用不動産については全般的に説明している。

(2) 居住用不動産

この不動産を購入する希望者は、自分の家族が快適に日常生活を過ごせるように、住宅として不動産を所有したいと考えている。収益の計上を目的として不動産を取得する訳ではない。住宅を購入するための資金は自分の世帯収入であり、住宅を取得するための頭金は勿論、借入金の元利金返済も世帯収入から日常生活費を除いた部分で支払われる。

居住用不動産の価格はその地域の住民の世帯収入と関連しており、ある地域の住宅の価格が、世帯収入による購入限度額を超えて高騰した場合には、一般住民が住宅を取得できないことになる。

東京、大阪の大都市圏の住宅価格は、一般の住民の平均的世帯収入では購入することは困難であると認められるほどに高い価格となっている。大

第4章 不動産の種類による評価法

都市で働く勤労者が、自宅で快適な家庭生活を送れないのは不幸な現象であり、長い目で見ると日本の経済に悪影響を与えることになると思う。

居住用不動産の価値はその住宅の居住環境と利便性等によって変動するが、住宅の購入価格はその地域に居住する住民の所得によって限度が決められるはずである。

設例1　世帯収入に応じた住宅価格の限度

年間世帯収入が1,000万円の家族が購入できる住宅の価格の限界について検討してみる。住宅を取得するための頭金として600万円の預金等がある。世帯収入の内、住宅の取得のために借入金の返済額として支払える金額は200万円程度である。借入金の条件は金利2.0％、期間25年間の毎月末元利均等償還である。この家族が購入できる住宅の価格は、自己資金の600万円と年間200万円で返済できる範囲の借入金の合計額が限度となる。

この借入金をExcelで求めるには関数PVを利用する。

書式は次のとおりである。

関数の引数

PV

利率	0.02/12	= 0.001666667
期間	25*12	= 300
定期支払額	-2000000/12	= -166666.6667
将来価値	0	= 0
支払期日	0	= 0

= 39321684.71

投資の現在価値を返します。現在価値とは、将来行われる一連の支払いを、現時点で一括払いした場合の合計金額のことをいいます。

支払期日　には支払いがいつ行われるかを表す論理値（期首払い＝1、期末払い＝0または省略）を指定します。

数式の結果 = ￥39,321,685

この関数のヘルプ(H)　　　OK　　キャンセル

この計算により借入金は39,321,685円と求められ、端数金額を整理すると、39,000,000円となる。

　したがって自己資金600万円と借入金3,900万円の合計金額4,500万円が住宅を取得するための限度額となる。年間世帯収入1,000万円の家族が返済可能な範囲の住宅ローンと自己資金によって購入できる住宅の価額は45,000,000円と試算されているが、購入できる住宅の価額は年収の4.5倍となっている。
　以上の設例により理解できると思われるが、住宅の価格は通常、購入希望者の所得によって上限価格が決定されるはずである。住宅の価格が購入の上限価格を超えているとすれば、購入者の借入金の返済額が大きいものとなり、借入金返済のための負担に耐えられなくなると考えられる。

　一概に不動産と言っても居住用不動産と収益用不動産では不動産を利用する目的が異なっているために不動産の評価法も異なるものとなる。
　不動産を取得する目的と取得するため支出できる資金源が違っているので、収益用不動産と居住用不動産の価値の求め方は別個に考えるべきである。
　表通り沿いの商店街の土地価格と裏の一般住宅地の土地価格では比較できないことは常識的に判ることであるが、しかし実際に近くに所在する取引事例価格からのみ不動産の価値を判断していると、居住用不動産と収益用不動産の相違が不明確になる恐れがある。
　住宅地の不動産は購入者の世帯収入によって取得するのであるから、居住者の所得水準に適応した土地価格水準に落ち着くべきはずである。住宅地の土地価格がこの価格水準を超えて高騰している現状では、住宅地の土地価格の安定に対して適切な土地利用政策を考える必要がある。
　一方、収益用不動産を取得する企業または個人は、不動産投資により利益をあげることを目的として不動産を購入している。不動産投資家は投資

不動産の購入価格でも十分に利益を得ることができると判断して、自己の責任において不動産を取得しているはずである。したがって商業地の土地または収益用不動産に対しては価格の面で特に制約を設けるような土地政策を考える必要はない。

不動産の価値を正しく把握するためには居住用不動産と収益用不動産の価値の求める方法が異なることを十分に認識することが必要と思われる。

2 取引事例比較法

不動産の鑑定評価理論は、鑑定評価額を求めるために、取引事例比較法による比準価格、原価法による積算価格、収益還元法による収益価格の三つの試算価格を比較検討した上で最終の鑑定評価額を決定することになっている。

本書は、収益価格はどのような技術を利用して求めるか、説明することを目的として書かれているが、鑑定評価の三方式の考え方についても簡単に説明する。

取引事例比較法の考え方は、不動産の購入を希望する者が不動産について十分に知識があり、合理的に購入することを前提としている。取引事例比較法は不動産の価格を求める場合、評価対象不動産と同じような不動産が最近売買された取引事例の価格と比較して、評価対象不動産の価値を求めるので、評価方法としては最も簡単で判り易い方式である。

しかし、この手法を有効に適用するには適切な取引事例が不動産市場に存在することが必要であり、取引事例の有無が取引事例比較法を適用する際の制約であり限界である。

この評価の手法は、住宅または一般住宅地を鑑定評価する場合に最も有効に利用される。評価対象不動産が所在する地域において不動産の取引が活発であり、信頼性の高い取引事例が豊富に利用できるならば、取引事例

比較法で不動産の正しい価格を求めることは容易である。

　日本では土地の価格を決める際に、取引事例比較法が広く一般的に適用されているが、この手法の課題は不動産の購入者が不動産市場の実情に詳しく、不動産の取引に当たっては不動産の価格を十分な知識を利用し、合理的に判断していることが前提となるべき点にある。

　しかし、通常、不動産の買い主は居住用不動産を購入する機会は多くなく、一生のうち何回もあるものではないので、不動産の価格に熟知していることは少ない。

　購入希望者は、不動産会社の仲介により住宅または住宅地を取得している。購入者は不動産に関する専門的な知識が少ないので、市場において取引された土地建物の価格が必ずしも適正とは限らないことがある。

　バブル経済の時代には、東京・大阪の不動産投資家が日本の各地方都市の不動産を地元の地価水準を無視して異常な高い価格で取得していたことがある。このような時期に取引事例比較法のみで不動産の鑑定評価を行うことは危険である。

　土地の売買価格は買主と売主との取引に当たっての事情によって通常は決められているので、この価格は必ずしも適正なものとは限らない。取引に当たっては売主にも買主にもそれぞれに事情があって、売買が成立している価格である。土地は一般の消費財のようにスーパーマーケットで多く売られているような商品ではない。したがって周辺の土地の取引価格を材料として単純に評価しても正しい価格を求めることは難しい。

　例えば、銀座4丁目の角地をどうしても取得したいと思って資金を十分に用意している会社が価格を度外視して売る気のない所有者から購入すると仮定したら、異常に高い価格で売買されるであろう。

　また、全国、全世界に店舗を持つある衣料品のメーカーが銀座に店舗用地を購入するとして、この一店舗で単独に採算を取ることは考えない。全国、全世界の店舗の売り上げから利益を上げることを考えているので、銀座の店舗はそこに店舗があることに意味があり、土地の価格は度外視して

も購入するであろう。このようにして売買された土地の価格は、高いものであっても一般に通用する価格としては認められない。

　公共用地の買収の場合にも、周辺の土地価格と比較して、特別に高い価格でも買い取ることもあり得る。

　土地の取引には購入者がそれぞれの特殊な事情があって高い価格でも、あえて買い取るケースが多い。また道路一本離れても価格が極端に異なることもある。このため商業地の土地の価値については、単純に表面的な取引事例価格を比較しても適正な価格を求めることは非常に難しい。

　土地建物一体としての不動産についても、土地建物一体の不動産の取引価格から比較して評価対象不動産の価値を求めることがある。アメリカにおいてはこの方式の考え方が一般的である。アメリカでは、一般住宅の鑑定評価には土地建物一体の不動産によって取引事例比較法を適用している。しかし、日本においては土地建物一体としての不動産の取引価格から直接に不動産の価値を求める手法はあまり利用されていない。日本とアメリカでは住宅用不動産の状況は異なっているので、同じような前提では考えることはできない。

　かつて日本人はハワイの住宅を高い価格で購入していたことがあるが、これは日本人がハワイの住宅価格に無知であったことと、日本のバブル経済の時期には高い価格の不動産であっても、多少無理してでもあえて購入しておけば、将来必ず儲かると信じられていた土地神話があったからである。

　このような問題は取引事例価格から比較する取引事例比較法のみに頼って不動産の鑑定評価を行う場合に起こり得る落し穴である。

　熟成した都市の商業地、特に中心商業地には不動産の取引事例が非常に少なくなる。また取引があったとしても、隣地の買収事例による高値の売買のケースであることも多い。逆に、企業の倒産による安値の不動産の売却もあり、取引事情が正常と認められる取引事例価格は少ないと考えられる。したがって、商業地域における不動産の価値を取引事例比較法による

比準価格のみを重視して求めると異常な価格となる危険性がある。

　ある地域において、一件の土地が特殊な事情によって特別に高値の価格で売買されたとしても、その高い土地価格が規準となって、その地域内の土地価格が全般的に値上りすることがあった。土地の取引事例価格から比準して単純に土地を鑑定評価する場合には、特殊な事情によって高い価格となって取引された原因まで分析することは困難である。そのため取引事例比較法によって求めた比準価格は、土地の本来の価値と乖離する危険性がある。

3 原価法

　原価法は不動産の購入希望者が土地建物一体としての評価対象不動産の価値を考える場合、同じ効用を持つ別な不動産を建築するために必要となる費用を比較することで評価対象の不動産の価値を求めている。

　原価法では敷地の価格は更地の状態にあると想定して土地の取引事例価格から更地の価格を査定する。

　建物は評価対象建物と同じ建物を新築することを想定して建築費である再調達原価をまず査定する。次に評価対象建物の経過年数による物理的減価および機能的な減価、経済的減価、あるいは当面修繕すべき部分があればその修繕費の見積り額を査定する。再調達原価から建物の減価修正額を控除して建物の現在価値を査定する。

　更地の価値と建物の現在価値を合計した金額が原価法により求める積算価格となる。

　日本において土地建物一体の複合不動産を鑑定評価する場合には、主に原価法によって不動産の鑑定評価を行っているが、原価法を適用して鑑定評価を行う場合の問題点は、建物の新築費用である再調達原価は、比較的容易に査定することができるが、中古建物である場合建物の減価修正額を

合理的に査定することが難しいことである。

　原価法が有効に適用できるのは土地建物が最有効使用の状態にあることが前提である。建物が敷地に適合していない場合に積算価格は意味のないものとなる。不動産を取得する者がなんらかの理由により、一般の常識を無視するような価格でもあえて取得する場合がある。例えば、商業地域内で地価の高い土地に立派な個人住宅が存在したとするが、この不動産の取得価格は土地の価格と建物の価格の合計額になる。しかし、この不動産の購入価格は取得した人にとって納得できる価格であっても、通常の人にとって認められない価格である。

　不動産投資家が地域の不動産市場の事情に詳しくなく、また土地の最有効使用の判断を誤って、建物に多額の建築費を支払って建設することを仮定する。原価法では、原則として土地の更地としての価格に建物の建築費を加算して積算価格を求めて不動産の価値を査定する。しかし、ある地域に賃貸マンションが多く建てられており既に貸室は供給過剰の状況にあるにも係わらず、新たに賃貸マンションを建設するとする。この賃貸マンションは採算が取れないから売却しようと考えても投資した価格である積算価格に相当する価値は認められず、積算価格よりも低い価格でしか取引できないであろう。この賃貸マンションの価値は収益価格で判断されるべきである。収益価格を試算する場合にも、賃貸収入には空室率を見込んで純収益を査定し適切な還元利回りにより収益価格を求めることが重要である。

　原価法が合理的に適用されるのは、土地建物が最有効使用の状態である場合に限られる。土地が周辺の利用がらみで妥当であり、建物も敷地に適合しているならば原価法で求められる積算価格は適正なものとなる。

　あるビルの投資家が、自分の好みでオフィスビルの建物を必要以上に贅沢に建築し、共用部分を余分に取った場合、この建物の建築費用は多額になることは当然である。しかし、外観的には立派な賃貸用ビルでも賃貸する有効面積が少ない場合、この不動産から期待できる純収益は、建築原価

91

と対比して少なくなる。このようなビルには原価法で求める積算価格だけの価値は認められないであろう。以上のように土地建物が最有効使用の状態にない場合には原価法で単純に求めた価格は不動産の正常な価格を示しているとは認められない。収益用不動産の適正な価値を求めるためには収益性からの検討を重視するべきであり、収益還元法によって求める収益価格が重要となっていると考えられる。

4 収益還元法

収益還元法は不動産から計上される純収益を適切な還元利回りで割って、収益価格を求める比率法が日本では一般的である。

収益還元法の比率法の公式は次のとおり簡単である。

$$収益価格 = \frac{年間純収益}{総合還元利回り}$$

比率法による収益価格を適正に求める場合、簡単に言えば純収益を適正に査定し、総合還元利回りを適切に求めるならば収益価格は自動的に計算される純収益をどのように査定し、総合還元利回りをどのように客観的かつ合理的に求めるかが重要な課題となっている。

アメリカにおいて収益用不動産を鑑定評価する場合、収益価格によって不動産の鑑定評価額を決定している。収益価格を求める手法として上記の比率法の他に、将来の投資予想期間の純収益を1年毎に査定し、現在価値に割り戻して収益価格を求めるDCF法（Discounted Cash Flow Model）が利用されている。

収益価格の求め方について説明するのが、本書の主要な目的であるため、収益価格をどのようにして求めるかは、設例を利用して具体的に説明している。

収益用不動産に投資を希望する購入者は、その不動産を取得し賃貸することにより、将来その不動産を保有している期間は毎年収入を得ることができ、また必要な時には売り払うことにより売却収入を得られると期待して収益用不動産を考えているはずである。収益価格は不動産が将来生み出すと予測できる純収益、および売却時に得られる収入を現在価値に割り戻して合計した金額である。

　収益用不動産の投資に対して融資する金融機関は、担保となる不動産から計上される毎年の純収益で貸付金の元金および利息の返済が確実になされることを求めており、またその投資不動産を売却する時には貸付金の残金が必ず回収できることを求めている。

　日本の不動産市場は、過去においては土地の価格は常に値上りしていたので、もし不動産の毎年の純収益によって元利金の返済が不可能になったとしても、最悪のケースでもその不動産を売却すれば融資残額を返済することはできたはずであった。しかし、現在では不動産価格が値下りしている地域も多くなっているので、収益用不動産の取得、また不動産を担保として金融機関が融資をする場合にも収益価格を重視するべきである。

　アメリカの銀行が、不動産担保により、収益用不動産の融資を実施する場合の担保価値の判断材料には、DCR（Debt Coverage Ratio）を採用している。この英語を日本語に訳するのは、日本にこのような考え方がないために難しく、DCRとそのままの記号で説明する。このDCRの考え方は、不動産から期待できる純収益と、不動産を購入するための借入金の元利返済額との間の比率を求め、純収益の範囲内で借入金の元利返済額が確保できるように融資する制度である。通常、DCRは1.05～1.2と考えられている。金融機関は収益用不動産に融資をする場合には、純収益を厳密に判断して、その範囲内で元利金の返済が確保できる限度で貸付金額を決定している。

　不動産の価値は常に値上りするものではなく、値下りすることもあり、将来売却した時には売却損失が生じることも多いので、銀行等金融機関は不動産の担保価値について重大な関心を持っている。

5 GRM分析法

このGRM分析法(Gross Rent Multiplier Analysis)手法は、居住用不動産に適用される収益分析法である。

収益用不動産には、収益還元法が適用されるが、居住用不動産に収益還元法は適用できない。居住用不動産は不動産を取得して収益を上げることを目的とはしていないので住宅を賃貸して家賃収入を得たとしても、この家賃収入は住宅の取得費用を十分にカバーする金額とはならない。また、住宅には賃貸収入から得られる純収益を還元しても得られる金額は住宅の価格より低いものとなる。しかし不動産鑑定では、通常三方式があることになっている。したがって一戸建住宅の評価には収益還元法に代えてGRM分析法が適用されている。

GRM分析法(純賃料乗数分析法)は、住宅の売買価格と月額賃料との間で一定の関係があることを前提として成立する手法である。

この手法はアメリカでは利用できても、日本では実際には適用できないので簡単に説明するだけとする。

一戸建住宅が賃貸されており、その貸家が売買された場合に住宅の売買価格と月額家賃との比率としてのGRMが計算される。

$$\mathrm{GRM} = \frac{売買価格}{月額純賃料}$$

評価対象不動産が所在する地域において、住宅の売買された事例が次のとおりであると仮定する。

Sale	Price	Rent	GRM
1	$132,000	$940	140
2	$143,000	$1,000	143
3	$147,000	$1,050	140
4	$140,500	$950	148
5	$130,000	$930	140
6	$135,000	$950	142

※GRM（Grose Rent Multiplier）は売買価格（Price）を月額賃料（Rent）で割って求めた結果の数値である。

評価対象不動産の価値は、市場賃料に総賃料乗数GRMを乗ずることによって求められる。

　　　不動産の価値＝月額賃料×GRM

評価対象の住宅が現在$980で賃貸しているか、あるいは$980で賃貸されると予測できると想定する。GRMはこの地域の住宅の月額家賃からほぼ月$142と見込まれる。
GRM分析法により試算される住宅の価格は次のとおりである。

　　　$ 980 × 142 ＝ $139,160

住宅の評価にも一種の収益分析法であるGRM分析法を適用することによって、住宅の鑑定評価において三方式から試算価格を求めることが可能となる。月額家賃にGRMを乗じて$139,000と求められる。

第5章 DCF法による不動産価値の測定方法

DCF法を適用して不動産の価値を測定するには、収益用不動産を所有している期間に入金される賃貸収入に基づく純収益と投資予定期間終了後に不動産を売却する場合に得られる売却収入を求める必要がある。次に、将来のキャッシュフローを現在価値に割り戻す割引率が、いくらが妥当かを判断することになる。

　DCF法により求める不動産の価値は、客観的で適正に予測した将来のキャッシュフローを投資家の立場から合理的であると判断できる割引率を適用し、現在価値に割り戻した金額の合計額である。なお、不動産の価値を決めるのは、不動産の購入者である。不動産の購入者が、ある不動産に対していくらの金額を支払うかによって不動産の価格が決められる。

　DCF法を有効に適用するには賃貸収入に基づく純収益と将来の売却収入を適正に求め、合理的な割引率を査定することが重要である。

　したがって、次に賃貸収入による純収益、将来の売却収入および割引率の求め方について説明する。

1　純収益の求め方

　DCF法を適用するためには、収益用不動産から得られる投資期間中の各年度の純収益を査定しなければならない。

　収益用不動産の所有者は不動産による賃貸収入を受け取り、賃貸するために必要な経費を支払い、収入から経費を控除した残額として純収益を求める。

(1) 賃貸収入の査定

①家賃収入

　不動産の総床面積のうち、実際に賃貸に供することが可能な有効賃貸面積を求める。事務所ビルまたは賃貸マンションの一部分を不動産の所有者

が自己で使用しており、現状では家賃収入の入金がない場合でも、これらの部分が賃貸することができるスペースなら、有効賃貸面積に含めることになる。

　有効賃貸面積を賃貸することにより期待できる家賃収入、共益費収入、駐車場収入、その他の収入は、その不動産が所在する地域内にある評価対象不動産と同じような不動産の賃貸事例から比較検討して査定する。

　賃貸の契約面積は実際の占有面積で定めている場合のほかに、テナントの占有面積に共用部分の比率を加えて面積を計るケースもある。どちらの面積を採用するかは評価対象不動産の所在する地域における実態を考慮し、不動産市場の状況に応じて決定すべきである。

　店舗、事務所ビルの場合には家賃の設定は㎡当たり月額家賃が計算の単位となる。賃貸マンションの場合、2LDK、3LDK等の一室当たり月額家賃が計算の単位となる。

②共益費収入

　共益費収入も周囲の同じような不動産の実状と比較して妥当な収入額を見積もることが可能なはずである。共益費収入は他の不動産と比較して㎡当たり共益費収入の水準または一室当たりの共益費収入の水準を査定し、評価対象の不動産の共益費収入の総額を査定することができる。

③駐車場収入

　通常、事務所ビル、賃貸マンションに属する駐車場を賃貸する場合は一台当たり月額賃料で定められる。大型車、中型車、小型車で占有する面積が変わることにより賃料が変わることがある。駐車場収入の査定もその地域の実状に応じて査定する。

④敷金の預かり分

　不動産の所有者はテナントが入居する場合には、保証金または敷金とし

て相当額の金額を受け取っている。家賃収入の何ヵ月分として保証金、敷金は計算されるのが一般的である。最近、事務所ビルの需給関係が変わり、高額な預託金が少なくなる傾向にあるが、土地価格が高い地域内の不動産を賃貸借する場合の保証金の金額は多額になることがある。このため預託金を無視して賃貸収入を査定することはできないこともある。

新築ビルの計画案を基に、建築計画中の土地建物の収益価格を求める際に預託金（保証金、敷金）を入金されると見込まれる年度の資金収入に含めるべきと考えられる。しかし既存のオフィスビル、賃貸アパートをテナントが入居している条件で収益価格を求める場合には、敷金は単純に売り主から買い主に返還義務が移ることになり、売買の際には預託金の金額が差し引かれて金銭の授受がなされると考えると、預託金の金額は一年目の収入に含めることになる。

⑤賃貸可能家賃収入と空室率

賃貸収入を見積もる場合、最初に不動産の有効面積をすべて賃貸すると全体でいくらの家賃収入が期待できるか計算する。しかし不動産を賃貸経営する場合には不動産を常に全室有効に賃貸することは不可能である。不動産投資はある程度長期的に賃貸経営すると考えるので、その間には入居者の出入りがあり、ある程度の期間空室になることを当然予測しなければならない。空室率を査定する際には、評価対象不動産の実績およびその地域において競合する不動産の空室率を調査するとともに、オフィスビル、賃貸アパート等の賃貸状況を説明している不動産市場における諸資料から、最近の賃貸状況を正確に判断するべきである。

⑥貸倒損失

通常は預託金（保証金、敷金）をある程度預かっているため、賃貸料の延滞があっても預託金で処理することができ、特に貸倒れ損失を見込む必要がない。

(2) 営業経費の査定

　不動産の賃貸収入を有効にあげるためには、建物を良好に維持管理しなければならない。営業経費は不動産を賃貸するために直接的に必要となる支出である。

　経費として最初に考えられるのは、共用部分の清掃費、水道電気代、修繕費およびエレベーターの保守料、管理人費用など、賃貸のために必要な日常の支払経費である。

　建物を所有していることにより固定的に発生する大きな費用として固定資産税、都市計画税がある。損害保険料も建物を所有している期間は毎年必要な経費である。

　また家賃の収入状況を管理し、日常経費の支払業務を担当する事務員の人件費、入居者募集のための支払手数料も必要となる。毎年経常的に支払うことはないが、外壁の塗装、賃貸部分および共用部分の内壁、床、天井等の改修、給排水設備の取替え、屋上や屋根の改修などに比較的大きな金額を数年間に一回支払う必要が生じる。

　以上の費用は建物を常に良好な状態に保持するとともに、入居者、テナントに満足してもらえるサービスを行うために必要な経費である。

　なお、不動産の純収益を求める場合において減価償却費、借入金利息、法人税、所得税、所有者兼経営者に支払われる役員報酬、および建物の価値を高める増改築費用は不動産賃貸のための営業経費には含まれない。

　営業経費は四つの基本的な種類に分けられる。

1　固定経費……固定資産税、都市計画税、損害保険料、エレベーター保守料
2　変動経費……入居者の増減により変わる経費で、水道電気代、冷暖房費、清掃費、経営管理費
3　維持修繕費……建物のドア、窓、暖房器具、その他の日常的な修繕費
4　取替費または特別修繕費……建物本体の耐用年数より短い期間使用

される建物の構造、設備などの取替え、改修に要する費用であり、屋根、外壁、床、内壁等の改修、電気設備、給排水設備の取替えに必要な費用。これらの費用は数年間に一回支出される費用であるが、各々の部分について改修と取替えの時期、および支出する費用を見積もる。営業経費を経費の発生する要因別に大きく区分して査定することにより営業経費をより適正に求めることができる。取替費または特別修繕費は実際に支払われると予想される年度における経費の支出として考える。

(3) 純収益の査定

不動産の純収益は不動産の賃貸収入から賃貸に必要な営業経費を控除して求められる。不動産の純収益は不動産自体が稼ぐ資金収支の差額として求められる。

減価償却費は会計上の期間損益を適正に測定するために計算される考え方であり、資金の支出ではない。

借入金利息は不動産を購入する投資家が支払う費用であり、不動産自体の純収益を査定する際には費用には含まれない。不動産投資家の出資持分に対する投資収益を測定する際には費用となる。不動産自体の純収益と投資家の出資持分に対する純収益とは異なるものである。

不動産の価値を求めるための純収益は不動産全体で生み出す収益が前提となり、あくまでも実質的な賃貸収入から営業経費を控除した残額として求められる。

不動産の賃貸収入は年数を経過することにより建物が老朽化するため、賃料収入が少なくなったり、空室の期間が多くなったりして減少することもある。一方その地域が発展し、不動産を賃借する希望者が多くなり需要が増大すると、賃料が値上りすることもある。営業経費は年数の経過とともに建物の維持修繕費、設備等の取替えのための支出が多くなると見込まれる。

したがって、通常は不動産から得られる純収益は毎年同じ金額ではなく、将来は減少することも大いにあり得ることである。

2 設例による賃貸マンションの営業収支

築10年の一棟24戸の賃貸マンションが5億3,900万円で売り出されている。賃貸マンションの概要は次のとおりである。

土地	700㎡	土地の比準価格	500,000円／㎡
建物	1,400㎡	建物の建築費	220,000円／㎡
2DK	専有面積40㎡	月額家賃	130,000円
3LDK	専有面積53㎡	月額家賃	170,000円
駐車場	24台	月額駐車料	30,000円

原価法による積算価格	土地	350,000,000円	(500,000円／㎡)
	建物	231,000,000円	(165,000円／㎡)
		581,000,000円	

この賃貸マンションは3階建の共同住宅である。

(1) 賃貸マンションの初年度の賃貸収入

①賃貸可能家賃総収入

2DK	12戸×130,000×12ヵ月＝	18,720,000円
3LDK	12戸×170,000×12ヵ月＝	24,480,000円
		43,200,000円

②共益費収入
共益費収入は家賃収入の他に、共益部分の維持費の名目で徴収すること

が一般的である。共益費収入の一戸当たりの金額は月額20,000円とする。

24戸×20,000円×12ヵ月＝5,760,000円

③駐車場収入

　この設例の賃貸マンションは24戸の貸室があり、駐車場も24台分である。駐車場に空きが生じるとすぐに駐車場を利用する希望者がいると思われる。したがって、駐車場は常に賃貸されているとして査定する。

24台×30,000円×12ヵ月＝　8,640,000円

④預かり敷金

敷金は家賃収入の2ヵ月分、駐車場収入の1ヵ月分を預かる。

2DK	12戸×130,000×2ヵ月＝	3,120,000円
3LDK	12戸×170,000×2ヵ月＝	4,080,000円
駐車場	24×30,000×1ヵ月　　＝	720,000円
		7,920,000円

　預かり敷金はDCF法では入居時に実際の入金額を収入に計上する。家賃の預かり敷金は、次の入居者が決まるまで預かっておくことにすると、常に24戸の預かり敷金があり全額運用できる。

⑤空室損失率

　この賃貸マンションの入居者は平均して2年間に1回は変わると見込まれる。入居者が退却した後、部屋の内部を改修して次の入居者が賃借するまでの期間は1ヵ月前後がどうしても空室となる。この場合の空室率を次のとおり計算すると約4％と求められる。

2年に1回の空室率

$$\frac{1 \text{ヵ月}}{12 \text{ヵ月} \times 2 \text{年}} = 0.042$$

≒ 0.04

空室損失は次のとおり

$$(\underset{家賃収入}{43,200,000円} + \underset{共益費収入}{5,760,000円} + \underset{駐車場収入}{8,640,000円}) \times 4\% = 2,304,000円$$

⑥貸倒損失について

敷金として家賃の2ヵ月分を預かっている。入居者が家賃の支払いを滞納した場合にも、2ヵ月以内には滞納した家賃を回収するか、退去させることができるはずである。したがって、預かり敷金があるため貸倒損失を見込む必要はない。

以上の収入を合計して初年度の賃貸マンションの賃貸総収入を次のとおり査定する。

賃貸収入	家賃総収入	43,200,000円
	共益費収入	5,760,000円
	駐車場収入	8,640,000円
	敷金預かり収入	7,920,000円
	空室損失4%	－2,304,000円
		63,216,000円

したがってこの賃貸マンションの初年度の総収入金額は、63,216,000円と査定される。

(2) 賃貸マンションの営業経費

営業経費は初年度における費用を見積もる。

1) 固定経費

①固定資産税、都市計画税

土地および建物の固定資産税の課税評価額は次のとおりである。

イ．土地の評価額
土地は土地の時価に対して70％が評価額と査定される。
500,000円／㎡×700㎡×70％＝245,000,000円

ロ．建物の評価額
建物は建築費の80％を耐用年数60年で均等に償却し、残り20％はそのまま残存する価値として減額はしない。

$$220,000円／㎡×1,400㎡×80％×\frac{60年-9年}{60年}$$
$$+220,000円／㎡×1,400㎡×20％$$
$$=209,440,000円+61,600,000円$$
$$=271,040,000円$$

②固定資産税額と都市計画税額
土地建物の評価額に対して固定資産税率$\frac{1.4}{100}$と都市計画税率$\frac{0.3}{100}$が課税される。

$$\underset{土地}{(245,000,000円}+\underset{建物}{271,040,000)}×\frac{1.4+0.3}{100}=8,772,680$$
$$≒8,772,000$$

③損害保険料
建物の価額査定額

$$231,000,000円×\frac{7}{10,000}=161,700円$$

④エレベーター保守料
エレベーター1基の保守料は月額150,000円で年間180万円となる。

2）変動経費

①水道電気代
居住スペースの電気、水道の使用料は居住者が支払うので共同部分とエレベーターにかかる電気代、清掃に必要な水道料が支出される。

月額150,000円×12ヵ月＝1,800,000円

②清掃費
月額100,000円×12ヵ月＝1,200,000円

③広告料
入居者が転出した時に、次の入居者を募集する際に不動産仲介業者に入居者の斡旋を依頼する。この費用は平均して4年ごとに入居者が入れ替わるとすると、仲介料は年間900,000円となる。

2DK　12戸÷4年×130,000円　＝　390,000円
3LDK　12戸÷4年×170,000円　＝　<u>510,000円</u>
　　　　　　　　　　　　　　　　900,000円

④経営管理費
管理人が交替して勤務するとしても、日中は1人は常駐している。この管理人の給料手当と消耗品、管理室に必要な備品費等を一括して月額400,000円と査定すると、年額4,800,000円となる。

⑤その他の経費
月額60,000円とすると年額で720,000円となる。

3）維持修繕費
共用部分のドア、窓、階段スペースの簡単な維持修繕。
月額150,000円を見込む。

150,000円×12ヵ月＝1,800,000円

4）取替費

屋根、外壁、床、内壁等の改修、電気設備、給排水設備の取替えに必要な経費であり、初年度には発生しないと想定した。これらの費用は数年間で1回支出されるので、各々の部分に必要となると見込まれる費用は、その時々に支出することになる。

5）営業経費

1）固定経費

固定資産税等	8,772,000円
損害保険料	161,700円
エレベーター保守料	1,800,000円
固定経費計	10,733,700円

2）変動経費

水道電気代	1,800,000円
清掃費	1,200,000円
広告料	900,000円
経営管理費	4,800,000円
その他経費	720,000円
変動経費計	9,420,000円

3）維持修繕費　　1,800,000円
4）取替費用　　　　　　0円

営業経費計　　21,953,700円

（3）初年度の純収益

賃貸収入	63,216,000円
営業経費	21,953,700円 （34.7％）

41,262,300円（65.3％）

(4) 2年目以降の純収益の査定

賃貸マンションは建築後10年経過した建物である。現在は特別に修繕をする部分はないが、今後10年間を考えた時には屋上、外壁、共同部分の内装に大きな修繕費がかかることも想定される。これらの支出を見込まなければならない。

一方、収入面でも建物が経過年数に応じて老朽化しているので家賃収入も若干低くなる恐れもある。

これらの将来の変動に対して、収入と支出の両面から検討して今後の純収益を予測する必要がある。

1）賃貸マンションの資金収支予測

想定した築後10年の賃貸マンションの今後10年間の資金収支を予想する。なお11年目の収支は10年後にこの不動産を売却する場合の売却収入を予測する際に利用する。

収入については、賃貸マンションの初年度の総収入と2年目以降の収入は将来の収入変動を予測して求めた金額である。

2）収入の10年間の予測金額

①家賃収入

4年目から3LDKの月額家賃収入を1戸当たり月額10,000円値下げする。2DKの家賃は5,000円値下げする。

2DK	12戸×125,000×12ヵ月＝	18,000,000円
3LDK	12戸×160,000×12か月＝	23,040,000円
		41,040,000円

8年目から家賃収入は1戸月額5,000円値下げする。

```
2DK      12戸×120,000×12ヵ月＝  17,280,000円
3LDK     12戸×155,000×12ヵ月＝  22,320,000円
                                39,600,000円
```

②共益費収入、駐車場収入

これらの収入は初年度と同額で推移すると予測する。

③空室損失

5年目以降は空室率が多くなると予想して空室率を5％と見込む。

　　　　家賃収入　　　共益費収入　　駐車場収入
（41,040,000円＋5,760,000円＋8,640,000円）×5％＝ 2,772,000円

8年目以降の空室率は5％としても賃貸収入が変わるので次のとおりとなる。

　　　　家賃収入　　　共益費収入　　駐車場収入
（39,600,000円＋5,760,000円＋8,640,000円）×5％＝ 2,700,000円

〈初年度から11年目までの収入〉

(単位：千円)

年	家賃収入	共益費収入	駐車場収入	敷金預かり	空室損失	収入合計
1	43,200	5,760	8,640	7,920	−2,304	63,216
2	43,200	5,760	8,640		−2,304	55,296
3	43,200	5,760	8,640		−2,304	55,296
4	41,040	5,760	8,640		−2,304	53,136
5	41,040	5,760	8,640		−2,772	52,668
6	41,040	5,760	8,640		−2,772	52,668
7	41,040	5,760	8,640		−2,772	52,668
8	39,600	5,760	8,640		−2,700	51,300
9	39,600	5,760	8,640		−2,700	51,300

| 10 | 39,600 | 5,760 | 8,640 | | −2,700 | 51,300 |
| 11 | 39,600 | 5,760 | 8,640 | | −2,700 | 51,300 |

3) 支出の10年間の予測金額

①支出の固定経費

イ．固定資産税、都市計画税

土地の評価額は据え置きと見込む。

建物の評価額は3年毎の見直しにより次のとおり計算する。

初年度から2年間は1年目の収支で求めた金額である。
3年目から次のとおり求められる。

$$220,000 円／㎡ \times 1,400 ㎡ \times 80\% \times \frac{60年－12年}{60年}$$
$$+ 220,000 円／㎡ \times 1,400 ㎡ \times 20\%$$
$$= 197,120,000 円 + 61,600,000 円$$
$$= 258,720,000 円$$

土地の評価額	245,000,000 円
建物の評価額	258,720,000 円
合計	503,720,000 円

課税標準額と税率から税額を求める。初年度の固定資産税（税率100分の1.4）と都市計画税（税率100分の0.3）の合計金額は次の計算で求められる。

$$503,720,000 円 \times \frac{\overset{税率}{1.4+0.3}}{100} = 8,563,240 円$$

6年目からは建物の経過年数に応じた減額がなされるので以下のとおり税額は計算される。

$$220,000 円／㎡ \times 1,400 ㎡ \times 80\% \times \frac{60年-15年}{60年}$$
$$+ 220,000 円／㎡ \times 1,400 ㎡ \times 20\%$$
$$= 184,800,000 円 + 61,600,000 円$$
$$= 246,400,000 円$$

ロ．税額

$$(\underset{土地}{245,000,000 円} + \underset{建物}{246,400,000 円}) \times \frac{1.4+0.3}{100} = 8,353,800 円$$
$$= 8,353,000 円（100円以下切り捨て）$$

9年目は3年毎の固定資産税評価額の見直しにより、3年経過年数が増えたことにより同様の計算をすると次のとおりとなる。

$$(\underset{土地}{245,000,000 円} + \underset{建物}{234,080,000 円}) \times \frac{1.4+0.3}{100} = 8,144,360 円$$
$$= 8,144,000 円（100円以下切り捨て）$$

ハ．損害保険料

損害保険料は建物の経過年数に応じて減少すると考えられるが、初年度と同額で見込む。

ニ．エレベーター保守料

6年目から10％の値上りを予定しておく。

$$150,000 円 \times 110\% \times 12ヵ月 = 1,980,000 円$$

〈初年度から11年目までの固定経費〉

(単位：千円)

年	固定資産税等	損害保険料	エレベーター保守料	固定経費計
1	8,772	162	1,800	10,734

2	8,772	162	1,800	10,734
3	8,563	162	1,800	10,525
4	8,563	162	1,800	10,525
5	8,563	162	1,800	10,525
6	8,353	162	1,980	10,495
7	8,353	162	1,980	10,495
8	8,353	162	1,980	10,495
9	8,144	162	1,980	10,286
10	8,144	162	1,980	10,286
11	8,144	162	1,980	10,286

②変動経費

イ．水道電気代

4年目から10％値上げをして年間1,980,000円、7年目から更に10％値上げをして年間2,178,000円と見込む。

ロ．清掃費

5年目以降10％値上げして月額110,000円で年間1,320,000円と見積もる。8年目から月額120,000円で年間1,440,000円と見積もる。

ハ．広告料

4年目以降、家賃収入は減少するが新しい入居者を募集する費用は建物が古くなるにつれて多く必要となると考えて同額で据え置く。

ニ．経営管理費

4年目から10％増と見積もる。
4,800,000円×1.1％＝5,280,000円
8年目から更に10％増と見積もる。
5,280,000円×1.1％＝5,808,000円

ホ．その他経費

初年度は720,000円とする。

6年目以降月額70,000円で年額840,000円とする。

〈初年度から11年目までの変動経費〉

(単位：千円)

年	水道電気代	清掃費	広告料	経営管理費	その他経費	変動経費計
1	1,800	1,200	900	4,800	720	9,420
2	1,800	1,200	900	4,800	720	9,420
3	1,800	1,200	900	4,800	720	9,420
4	1,980	1,200	900	5,280	720	10,080
5	1,980	1,320	900	5,280	720	10,200
6	1,980	1,320	900	5,280	840	10,320
7	2,178	1,320	900	5,280	840	10,518
8	2,178	1,440	900	5,808	840	11,166
9	2,178	1,440	900	5,808	840	11,166
10	2,178	1,440	900	5,808	840	11,166
11	2,178	1,440	900	5,808	840	11,166

③維持修繕費

共用部分の日常的な経費

5年目より200,000円×12ヵ月＝2,400,000円

④取替費用

5年目に屋上防水工事	15,000,000円
7年目に外壁塗装工事	25,000,000円
8年目に給排水管取替工事	15,000,000円
9年目に給排水管取替工事	20,000,000円

第5章 DCF法による不動産価値の測定方法

〈初年度から11年目までの経費の集計〉

(単位：千円)

年	固定経費	変動経費	維持修繕費	取替費用	支出合計
1	10,734	9,420	1,800	0	21,954
2	10,734	9,420	1,800	0	21,954
3	10,525	9,420	1,800	0	21,745
4	10,525	10,080	1,800	0	22,405
5	10,525	10,200	2,400	15,000	38,125
6	10,496	10,320	2,400	0	23,216
7	10,496	10,518	2,400	25,000	48,414
8	10,496	11,166	2,400	15,000	39,062
9	10,286	11,166	2,400	20,000	43,852
10	10,286	11,166	2,400	0	23,852
11	10,286	11,166	2,400	0	23,852

　初年度は敷金の預り金も収入としてキャッシュフローを計算している。敷金はあくまでも預り金であり、返還する義務があると考えられる。敷金を返還した時に、返還による資金支出を考慮してキャッシュフローを計算する。

3 将来における不動産の価値の予測

　不動産の適正な価値を現在地点で求めることが難しいのに、10年後の将来の価値を予測することは、はるかに難しいことは誰にでも理解できることである。
　しかし、将来の不動産の価値の予測が難しいからといって、不動産の価格が将来とも現在の価格のまま推移すると仮定することは現実的に不合理であり、世間一般には納得されない条件である。

(1) 地域分析によって不動産の価値の増減を求める

　日本は国土の狭い国であるが、全体を考えると、東京を中心とした地域は発展し人口が過度に集中している状況にあり、一方、地方は経済が落ち込み人口が減少し過疎化している状況にある。適度に発展している地域は土地に対する需要も増加し、土地価格は値上りするであろう。しかし、過疎化している地域では人口の減少にともない、土地価格は下落している。これは土地に対する需要と供給の原則が働いて生じる当然の経済現象である。しかし、バブル経済が崩壊するまで日本において全国的に土地価格は一様に上昇し続けていた。

　バブル崩壊後、土地価格は値下りし、今後は日本の各地域によってその地域の経済状況がどのように変わっていくかにより土地価格の変動が異なってくると考えられる。

　将来の不動産の価値を求めるには、近い将来の予測をする場合、近い過去の推移を分析し、将来における不動産の価値を推測することが可能なはずであると言われていた。

　しかし、バブルの発生から崩壊後、現在に至る不動産市場の推移は混乱を極めているので、この間の推移は不安定であり、何か共通する法則を見出すことは不可能である。

　その地域が今後発展するか衰退するかは、その地域の経済の動向に大きく依存している。経済が発展していると、通常は人口は増加することになり、またその地域の住民の所得も向上することになる。そのような地域においては土地に対する需要も多くなると予測できる。土地の価格は、その所在する地域における土地の需要と供給の関係で決まるものである。需要が供給より大きくなると、当然、土地の価格は値上りすると予測されることになる。一方、地域によってはその地域の経済を維持していた基幹産業が斜陽化したため地域経済が衰退することもある。衰退傾向にある地域では、人口が減少する傾向となって、土地に対する需要は供給より小さくなり、土地価格の値下りは大きくなるはずである。その地域における土地価

格が今後どのようになるかを予測するには、正確な地域分析をすることが前提となる。

地域分析の結果、ある地域においては経済が好調で人口も増加する傾向にあると予測され、経済の成長率も数％と見込める場合、この地域における土地の価格は将来経済成長率の程度の値上りも期待できると判断することも可能である。

一方、ある地域では過疎化の傾向にあり、人口が減少し、その地域の産業が衰退の傾向にある場合には人口の減少、あるいはその地域の生産出荷量の減少率の程度に土地の価格は値下りが生じると考えられる。

日本は過去において経済が成長を続け、特別な地域を除いて、全国の各地域で土地価格は値上りを続けていた。そのため地域分析を行って土地価格の将来の動向を予測する必要がなかった。しかし、今後は各地域が将来どのように発展して行くのか、あるいは衰退して行くのかを客観的に分析し、将来の土地価格の動向を予測することなしに不動産投資を実行することは危険である。

日本は国土は狭いが、南北に長い国で各地方により文化、経済、社会環境も異なっているので、各地域において地域分析を行い、将来の不動産価値の動向を判断することが必要である。

（2）売却予想時の純収益から求める不動産の価値

不動産の価値はその不動産から得られるキャッシュフローで決められる。土地建物一体としての複合不動産の価値は、その不動産が生み出す年間純収益が多い場合高くなり、少ない場合には当然低くなる。周辺の土地が高い価格で売れていたとしても、不動産の価値がその高い土地価格で測定されることはない。何かの理由で土地が高い価格で売買されていたとしても、その土地を特殊な事情で買い取ることもあり得るし、特別に有利な利用目的があるかも知れない。近くに高い価格で売買された土地があったとしても、他の土地が全て同じような高い価格で取り引きされる保証はない。あ

くまでも、その土地が生み出すキャッシュフローが不動産の価値を決めるものである。

　不動産の価値は、その不動産が生み出す純収益から還元して求められるはずである。日本の不動産市場においては収益用不動産が売買されていたとしても、その売買価格および純収益もオープンになっていないので、何％の利回りで計算されて売買価格が決められたか不明である。特別に公表されるか、特別に教えてもらうかして情報を得るしか方法がない。

　アメリカでは将来の不動産価値を求める場合には、将来の純収益をターミナルレートと言われる還元利回りで割って求めている。10年後の売却予想額は11年目の純収益をターミナルレートで割って求められている。ターミナルレートは還元利回りであるから、割引率よりも1％程度は高い利回りで求められていることが通常である。

　収益用不動産の価値はその不動産から賃貸により得られるキャッシュフローの多少によって決められるはずであるから、将来売却される場合にも将来の純収益（キャッシュフロー）で売買価格は決まるものと考えられる。

　将来における純収益を予測し、その純収益を割引率で割り戻して将来の売却収入額を予測することになる。

　不動産の価値を判断する場合に、不動産の価値が将来値上りするか、値下りするか予測することが重要であるが、これが最も難しい判断となる。

　過去においては毎年土地価格は上昇していたので、将来の価値の予測は特に厳密に考慮する必要がなかったと認められる。そのような状況で多くの日本人が不動産の購入に熱心になっていた。しかし、土地価格は値下りすることも当然にあり得るものであると明らかになった。今後は不動産投資を判断する場合に、将来の価値が増加するか否かを十分に検討することになると思われる。

　日本の不動産市場では、将来の土地価格を合理的に予測する必要がなかったために、将来の不動産の価値を予測することに慣れていないが、今

後は不動産投資を検討する際に最も重要な分析となると考えるべきである。

(3) 想定した賃貸マンションの売却予想額

想定したケースは築後10年の1棟24戸の賃貸マンションである。この賃貸マンションの家賃収入は比較的容易に測定はできる。賃貸する条件も一般的なものと考えた。不動産が所在する地域において土地が値上りしている場合には、賃貸マンションの10年後の価値は上昇すると思われる。しかし通常は土地の価格が横這いに近いような状態では建物の価値は経過年数に応じて減少することになり、土地が値上りしない限り、土地建物一体としての不動産の価値は減少すると予測できる。賃貸収入も、建物が古くなるにしたがって家賃も低くなり、収入は減少すると認められる。

賃貸マンションの11年間の収支は次のとおりである。

(単位：千円)

年	収入	支出	差引	割引率3.8%複利現価率	計
1	63,216	21,954	41,262	0.963391	39,751
2	55,296	21,954	33,342	0.928122	30,945
3	55,296	21,745	33,551	0.894145	29,999
4	53,136	22,405	30,731	0.861411	26,472
5	52,668	38,125	14,543	0.829876	12,069
6	52,668	23,216	29,452	0.799495	23,547
7	52,668	48,414	4,254	0.770227	3,277
8	51,300	39,062	12,238	0.742030	9,081
9	51,300	43,852	7,448	0.714865	5,324
10	51,300	23,852	27,448	0.688694	18,903
11	51,300	23,852	27,448	0.663482	18,211
					217,580

将来の不動産の売却価格を予測することは非常に難しい。しかし、家賃収入は現在の家賃から比較的容易に推測することは可能である。したがっ

て、10年後の賃貸マンションの価値を予測するためには、11年目の純収益から割り引いて不動産の将来価値を予測する方法が妥当なものと考えられる。11年目の純収益は既に予想された金額がある。11年目の純収益を還元して求めるターミナルレートを何％とするかは難しい。

現在、金融機関の貸出金利は低いものとなっている。銀行が預かっている預金金利が低利率であるから、貸出金利も低くなるのは当然である。しかし今後の金融情勢はどのようになって推移するかを予測することは難しい。また経済が低迷すると予測すると、将来の不動産の値下りの危険性を考慮に入れる必要がある。

かつて経済が順調に推移していた頃には不動産の将来収益から還元するために使用されるターミナルレートも割引率とほぼ同じ程度に考えていた。割引率に1％を上乗せした利率でも十分と認められていた時期があった。しかし現状は将来の経済が好調に推移すると楽観的に考えることは危険である。

将来の経済の諸々のリスクを考慮すると、ターミナルレートは期待利回りよりも少なくとも2％の危険率を考慮した比率で判断する必要がある。第3章で割引率は3.8％と試算されていたので、この利回りに2％上乗せすると5.8％になるが、将来の危険性を十分に考慮して6％のターミナルレートを適用する。

10年後に賃貸マンションの売却を想定している場合の手取り予測額を求めてみる。
売却価格
11年目の純収益ターミナルレート
30,187,000円÷6％ ＝ 503,116,667円
　　　　　　　　 ≒ 503,000,000円

この不動産を売却する時点で預かり敷金を返済する必要がある。また不動産の仲介業者に売買の手数料を支払うことになる。

不動産の売却価額	503,000,000円
預かり敷金	－7,920,000円
仲介手数料3%	－15,090,000円
差引手取り額	479,990,000円
≒	480,000,000円

想定している賃貸マンションを10年後に売却すると480,000,000円が得られると予測する。

4 賃貸マンションのDCF法で求める収益価格

築後10年の賃貸マンションを購入し、10年間保有して家賃収入を得るとともに10年後に不動産を売却することを想定した。この賃貸マンションの価値は幾らが妥当な価格であるかDCF法を適用して試算した結果、不動産の収益価格は次のとおり529,942,000円と試算された。

〈10年後に売却することを想定した賃貸マンションの現在価値〉

(単位：千円)

年	収入	支出	差引	売却収入	割引率3.8% 複利現価率	計
1	63,216	21,954	41,262		0.963391	39,751
2	55,296	21,954	33,342		0.928122	30,945
3	55,296	21,745	33,551		0.894145	29,999
4	53,136	22,405	30,731		0.861411	26,472
5	52,668	38,125	14,543		0.829876	12,069
6	52,668	23,216	29,452		0.799495	23,547
7	52,668	48,414	4,254		0.770227	3,277

8	51,300	39,062	12,238		0.742030		9,081
9	51,300	43,852	7,448		0.714865		5,324
10	51,300	23,852	27,448	480,000	0.688694		349,476
							529,942

G11　fx　=SUM(D11+E11)*F11

	A	B	C	D	E	F	G
1	年	収入	支出	差引	売却収入	割引率3.8%複利現価率	計
2	1	63,216	21,954	41,262		0.963391	39,751
3	2	55,296	21,954	33,342		0.928122	30,945
4	3	55,296	21,745	33,551		0.894145	29,999
5	4	53,136	22,405	30,731		0.861411	26,472
6	5	52,668	38,125	14,543		0.829876	12,069
7	6	52,668	23,216	29,452		0.799495	23,547
8	7	52,668	48,414	4,254		0.770227	3,277
9	8	51,300	39,062	12,238		0.742030	9,081
10	9	51,300	43,852	7,448		0.714865	5,324
11	10	51,300	23,852	27,448	480,000	0.688694	349,476
12							529,942

　想定した賃貸マンションからDCF法を適用して求めた収益価格は529,942,000円となった。この賃貸マンションは現在539,000,000円で売り出されているとすると、この売り出し価格は適正な価格であると認められる。

　不動産の将来の価値を予測することは非常に難しいことである。しかし現在既に賃貸マンションとして使用されている不動産から得られる収益は将来も現在の収入とほぼ同じ水準で推移するであろうと比較的容易に予想される。

　収益用不動産を評価する場合には、DCF法は適正に適用されると合理的で有効な評価手法であると考える。

第6章 販売用不動産に対するDCF法の適用

DCF法は収益用不動産の価値を測定するためにのみ適用される訳ではない。分譲地または分譲マンション用地で開発し、販売完了するまで数年間が見込まれる販売用不動産の評価をする場合にDCF法が適用される。
　最近、企業価値を評価するためにもDCF法が利用されるようになっている。
　このDCF法は、収益用不動産を評価するための収益還元法として比較的新しく、近年使用されるようになったが、DCF法の考え方は不動産の評価以外にも収益物件を評価するために広く利用が可能な手法である。
　また不動産を評価する際にも、収益用不動産の評価にのみ限られるものではなく、販売用不動産の価値を測定するためにも利用可能な評価法である。
　大規模に住宅団地を開発する場合には素地を購入し、開発計画を立て、開発の許可を受け、造成を始めて何期かに分けて造成地を分譲するので、住宅団地の土地を完売するには数年間かかることになる。
　デベロッパーが既に取得している土地を時価で評価する場合に、完成後販売見込額から造成建築工事原価と販売経費等を控除して求めることになるが、販売が完了するのが数年後となると、単に控除した差額では不十分である。将来のキャッシュフローを現在価値に割り引いて求める過程が必要となる。
　分譲マンション用地が、例えば大規模な工場跡地であったりすると、単年度で建築し、販売を終了することは困難であり、数年間で建築し、販売をすることになる。このように数年間で開発し、販売を完了するような販売用不動産の時価評価をするにはDCF法を適用することになる。
　日本の企業会計では2000年3月期より販売用不動産は時価評価することを原則としており、販売用不動産の評価の妥当性に関する判断指針を提示している。
　企業が販売のために所有している不動産はすぐに売却可能な商品として在庫している不動産は少なく、将来宅地として造成するか、建物を建設し

て、始めて販売可能となる土地が多いと思われる。

このような販売用不動産を時価評価するにはDCF法を適用する必要がある。

1 設例による分譲マンション用地の時価評価

17,000㎡の工場跡地を分譲マンション用地として数年前に購入していたが、具体的に開発計画を立てて販売することに決まった。この開発計画は合理性のある計画であり、多少時間のずれがあっても分譲マンションを建築し、販売すると見込まれる。

この開発計画に基づいて工場跡地を販売用不動産として時価評価する。

(1) 開発計画

分譲マンションの販売計画総戸数は400戸であり、この地域では400戸のマンションを一期に販売することは、それだけの需要が見込まれず、他の分譲マンションとの競合を考えると無理である。したがって、3年間で3期に分けて建築し、分譲マンションを販売する計画である。

A棟、B棟、C棟の3棟の分譲マンションと駐車場棟を建築するが、1年目にA棟と駐車場棟、2年目にB棟、3年目にC棟を建築し、分譲することを計画している。

(単位：千円)

①建築費

A棟	12,000㎡×175／㎡＝	2,100,000
B棟	15,000㎡×175／㎡＝	2,625,000
C棟	10,000㎡×175／㎡＝	1,750,000
駐車場棟	8,000㎡×37.5／㎡＝	300,000
	計	6,775,000

②販売価格

A棟	4LDK	60戸	一戸当たり平均価格	45,000
	3LDK	70戸	一戸当たり平均価格	35,000
B棟	4LDK	80戸	一戸当たり平均価格	45,000
	3LDK	80戸	一戸当たり平均価格	35,000
C棟	4LDK	50戸	一戸当たり平均価格	45,000
	3LDK	60戸	一戸当たり平均価格	35,000

③販売総額

A棟	4LDK	45,000×60戸＝	2,700,000
	3LDK	35,000×70戸＝	2,450,000
B棟	4LDK	45,000×80戸＝	3,600,000
	3LDK	35,000×80戸＝	2,800,000
C棟	4LDK	45,000×50戸＝	2,250,000
	3LDK	35,000×60戸＝	2,100,000
		計	15,900,000

④販売費一般管理費見込額

$15,900,000 \times 12\% = 1,908,000$

⑤建設期間中の金利

$6,775,000 \times 50\% \times 2.0\% = 67,750$

⑥開発業者の利潤

$15,900,000 \times 6\% = 954,000$

第6章 販売用不動産に対するDCF法の適用

　この分譲マンションの建築販売を1年間で完了すると考え、単純に収支計算をすると次のとおりである。

分譲マンションの販売代金	15,900,000
分譲マンションの建築費	−6,775,000
販売費一般管理費見込額	−1,908,000
建設期間中の金利	−67,750
開発業者の利潤	−954,000
差引土地代金	6,195,250

　土地代金が6,195,250,000円となると土地の面積が17,000㎡であるから、㎡当たり364,426円となるが、総戸数400戸の分譲マンションはこの地域においては1年で販売することは不可能で数年間に売却することになる。

　この分譲マンション用地は時価を評価する場合、17,000㎡の土地に総戸数400戸の分譲マンションを建築し、1年間で販売が完了するならば、分譲マンションの販売総額から建築費等諸経費適正利潤を控除して求めた残額が単純に土地の時価であると認められる。

　しかし、総戸数400戸の分譲マンションを開発し完売するまでに5年を要すると認められる場合にはDCF法を適用する必要が生じる。

(2) 販売代金の収入と建築費の支出の予測

(単位:千円)

年	(収入)		(支出)		(差引)
1	販売収入なし		A棟建築費	2,100,000	
			駐車場建築費	300,000	
			計	2,400,000	-2,400,000
2	A棟4LDK40戸	1,800,000	B棟建築費	2,625,000	
	A棟3LDK40戸	1,400,000			
	計	3,200,000	計	2,625,000	575,000
3	A棟4LDK20戸	900,000	C棟建築費	1,750,000	
	A棟3LDK30戸	1,050,000			
	B棟4LDK30戸	1,350,000			
	B棟3LDK40戸	1,400,000			
		4,700,000	計	1,750,000	2,950,000
4	B棟4LDK50戸	2,250,000			
	B棟3LDK40戸	1,400,000			
	C棟4LDK20戸	900,000			
	C棟3LDK30戸	1,050,000			
		5,600,000			5,600,000
5	C棟4LDK30戸	1,350,000			
	C棟3LDK30戸	1,050,000			
		2,400,000			2,400,000
	計	15,900,000		6,775,000	9,125,000

(3) 5年間の収入と支出の予測

(単位:千円)

年	販売収入	建築費	販売費	一般管理費	金利	企業利潤	差額
1	0	2,400,000	0	222,600	16,000	0	-2,638,600
2	3,200,000	2,625,000	160,000	222,600	34,000	192,000	-33,600
3	4,700,000	1,750,000	235,000	222,600	17,750	282,000	2,192,650
4	5,600,000		280,000	222,600		336,000	4,761,400

| 5 | 2,400,000 | | 120,000 | 222,600 | | 144,000 | 1,913,400 |
| 計 | 15,900,000 | 6,775,000 | 795,000 | 1,113,000 | 67,750 | 954,000 | 6,195,250 |

〈マンション用地の価格〉

(単位：千円)

年	資金収支差額	5％の複利現価率	現在価値
1	−2,638,600	0.952381	−2,512,953
2	−33,600	0.907029	−30,476
3	2,192,650	0.863838	1,894,094
4	4,761,400	0.822702	3,917,213
5	1,913,400	0.783526	1,499,199
		計	4,767,078

　分譲マンションの販売価格から、マンション建設から販売までの諸経費を控除して求めた資金収支差額の現在価値を合計した金額がマンション用地の価格である。

　工場跡地で分譲マンション用地のDCF法によって求めた価値は47億6,700万円となり、㎡当たり280,412円となった。

　販売用不動産である土地を時価評価する場合にその不動産の開発計画には種々の案があると考えられるが、その開発計画が実行可能か否かを検討することになる。その開発計画が妥当なもので実行可能な計画であれば、土地を開発し、販売が終了するまでのキャッシュフローを予測し、将来のキャッシュフローを現在価値に割り引く過程を経て販売用不動産の土地の時価を評価することになる。

　この販売不動産は開発後販売する不動産であり、この不動産の時価を評価するには将来のキャッシュフローを現在価値に割り引いて求めることが必要であり、DCF法を適用することになる。

2 将来、国道のバイパスに接面する土地

　更地の評価をする場合にも、DCF法の考え方が有効に利用することができる。将来の入金が予測される場合に、入金されるまでの期間を考慮に入れて将来の入金額の現在価値を計算する。

　将来、国道のバイパスの建設が予定されている道路予定地に接面している原野を4,000㎡所有しているとする。この原野4,000㎡の内、800㎡は道路用地として買収される予定である。この道路予定地の買収価格は㎡当たり30,000円である。

　現状は幅6mの道路に接面している4,000㎡の原野が3年後にバイパスが開通すると、幅20mの国道に接面する土地となり、このバイパス沿いに接面する画地は周辺の幹線道路沿いの大型店舗用地と同じように利用され、開通後の土地の価格は㎡当たり150,000円となると予測される。現在4,000㎡の原野を㎡当たり30,000円で売却すると入金額は120,000,000円となる。

　この土地は将来の販売用不動産として所有している場合、時価評価は次の一連の評価手法により求めることになる。

　道路予定地は30,000円／㎡で近いうちに買収され、残りの土地は国道沿いの画地として150,000円／㎡で評価されることになる。

　　道路予定地　　30,000円／㎡ × 　800㎡　 ＝ 24,000,000円
　　残りの土地　 150,000円／㎡ × 3,200㎡ ＝480,000,000円

　道路予定地800㎡は今年度中に買収が予定されている。この売却金額は24,000,000円となる。

　残りの土地は3年後には480,000,000円となると予測される。この3,200㎡の土地の時価は3年後の480,000,000円を複利現価率で現在価値に割り戻

して求めることになる。

3年、5％の複利現価率は0.863838である。したがって3年後の480,000,000円の現在価値は次のように求められる。

$$480,000,000円 \times 0.863838 = 414,642,240円$$
$$\fallingdotseq 414,600,000円$$

以上の計算の結果、一部は道路用地となり、残りがバイパスに接面する予定の4,000㎡の土地の時価は4億3,860万円と求められる。

道路予定地	24,000,000円
残りの土地	414,600,000円
計	438,600,000円

単純に4,000㎡の原野を現在の土地の価格水準である㎡当たり30,000円で試算すると、1億2,000万円と求められるが、3年後に国道沿いの土地となることを考慮すると、上記のとおり4億3,860万円と評価することが適正であると考えるべきである。

この際、3年後に㎡当たり150,000円となり、将来は4億8,000万円となることが予測される土地を将来予測される金額4億8,000万円として試算することも明らかに誤りである。3年後の土地価格4億8,000万円を現在価値に割り引くことが必要である。

この考え方は将来のキャッシュフローを現在価値に割り戻すDCF法の適用の一例である。

第7章 DCF法の適用と比率法

第5章でDCF法により不動産の価値を求めるために必要となる純収益、および将来の売却収入と割引率の考え方を説明した。本章では簡単な設例を利用し、DCF法をどのように適用し、不動産の価値を求めるかを説明する。設例はDCF法の適用を判り易くするため、単純化したものを想定する。

1 オフィスビルの設例による適用例

原価法を適用してオフィスビルを評価すると、土地が14億円、建物が3億6,000万円、合計17億6,000万円と求められている。

このオフィスビルを賃貸収入による純収益に基づいて、DCF法を適用して収益価格を試算する。将来の売却収入の予測は地域分析を行い、将来このオフィスビルが所在している地域における、オフィスビル用地の価格の推移を予測して、10年後の土地価格が値上りするか、または値下りするかを分析し、地価の変動率を予測する。

土地　400㎡、建物　2,400㎡、建築後15年の建物

土地の比準価格　3,500,000円／㎡×400㎡＝14億円
建物の積算価格　150,000円／㎡×2,400㎡＝3億6,000万円
賃貸可能面積　1,600㎡（有効率　66.7％）
駐車場　　　　15台
土地建物の積算価格合計　17億6,000万円

（1）賃貸の純収益と将来の売却収入の予測

純収益は賃貸収入を査定し、支払経費はオフィスビルの経費率を参考として、月額平均の経費を求める。賃貸収入160,800,000円から支払い経費

66,000,000円を控除して、純収益を94,800,000円と査定した。投資期間を10年と想定し、毎年の純収益を予測する。通常、純収益は10年間同じ金額にはならず、毎年異なってくるものである。

しかし、このオフィスビルの設例ではDCF法の適用を単純化して説明するために毎年の純収益は94,800,000円で推移するものと仮定した。

(賃貸収入の見積もり)

 家賃収入 7,000円／㎡×1,600㎡×12ヵ月＝ 134,400,000円
 共益費収入 1,000円／㎡×1,600㎡×12ヵ月＝ 19,200,000円
 駐車場収入 40,000円／台×15台×12ヵ月 ＝   7,200,000円
        計   160,800,000円

(支払経費の見積もり)

 月額平均 5,500,000円／㎡×12ヵ月＝66,000,000円（経費率41％）

(賃貸による年間の標準的純収益)

  賃貸収入 支払経費   純収益
 160,800,000円－66,000,000円＝94,800,000円

(10年後の売却収入の予測)

〈ケース1〉

 土地価格は値下りの傾向にあり、今後も若干値下りすると見込まれる。設例のオフィスビルが所在する地域は景気の回復は見込まれるが、10年後には土地価格は現在の土地価格から10％程度値下りすると予測する。

 建物は建築後15年の建物であるが、年数を経過することにより、物理的、機能的、経済的に減価する。今後の経済的残耐用年数を30年と査定すると、10年後には機能的減価も発生することも考えられるので2分の1は

減価すると見込まれる。

したがって、土地の価格は12億6,000万円、建物の価格は1億8,000万円と予測され、10年後の不動産の価値は14億4,000万円となると予測する。

土地　14億円×（1－10％）　　＝　12億6,000万円
建物　3億6,000万円×（1－50％）＝　1億8,000万円
　　　　　　　　　　計　　　　　　14億4,000万円

このケースでは現在、原価法を適用して求めた価格が17億6,000万円となっているが、10年後には土地の価格が10％値下りし、建物の価格は現在の価格の2分の1となると予測している。14億4,000万円の価格は原価法により求めた価格17億6,000万円に対して18.2％の値下りとなっているが、土地建物一体としての不動産の価値を検討すると、建物の値下りがあるので全体としては妥当なものと考える。

〈ケース2〉

11年後の純収益は10年目までと同じ94,800,000円であると予測する。11年後の純収益を6.5％の還元利回りで割って求めた価格が10年後の不動産の売却予想額であると予測した。10年後のターミナルレートについてはオフィスビルは機能的に減価する可能性が一般の居住用の賃貸マンションと比較すると大きいと認められる。したがって、賃貸マンションの評価の過程で採用した6％より0.5％高い6.5％の複利現価率を採用した。

94,800,000円÷6.5％≒14億5,800万円

日本では収益用不動産の還元利回りを不動産市場において明確に測定することはできない。収益用不動産に対して収益還元法が適切に適用されておらず、原価法により求めた価格が一般的であり、現状では収益用不動産の価値を純収益から求める慣習が熟成していないと思われる。

しかし、アメリカでは収益用不動産の価値は賃貸総収入または純収益から測定しているために、収益用不動産の還元利回りが何％となっているか、不動産市場から情報として得ることができるようである。

10年後には日本でも収益用不動産の価値は純収益を還元利回りで割って求めるようになると考え、11年目の純収益を6.5％の還元利回りで割って求めた10年後の不動産の価値は14億5,800万円となった。

(2) 割引率の査定

第3章で割引率を試算しているが、借入金比率70％、自己資金の比率30％、借入金の期間20年、利率3.0％自己資金に対する期待利回りを5.0％として割引率を求めると3.8％と試算されていた。元金を返済時に一括返済する借入金の調達方法は現状では難しいと認められる。借入金を調達する場合には返済方法は元利均等償還か元金均等償還が通常であるから、3.8％の割引率が妥当として採用する。

(3) DCF法による不動産価値の測定

10年間の賃貸による純収益と10年後の売却収入を3.8％の割引率により割り戻して現在価値を求める。

〈ケース1の場合〉

年	毎年の純収益	3.8％の複利現価率	現在価値
1	94,800,000円	0.963391	91,329,000円
2	94,800,000円	0.928122	87,986,000円
3	94,800,000円	0.894145	84,765,000円
4	94,800,000円	0.861411	81,662,000円
5	94,800,000円	0.829876	78,672,000円
6	94,800,000円	0.799495	75,792,000円
7	94,800,000円	0.770227	73,018,000円

8	94,800,000円	0.742030	70,344,000円
9	94,800,000円	0.714865	67,769,000円
10	94,800,000円	0.688694	65,288,000円
毎年の純収益の現在価値の合計			776,625,000円
10売却収入	1,440,000,000円	0.688694	991,719,360円
		合計	1,768,344,360円
			≒1,768,000,000円

	A	B	C	D
			C2 fx =ROUND(1/(1+0.038)^A2,6)	
1	年	毎年の純収益	3.8%の複利現価率	現在価値
2	1	94,800,000	0.963391	91,329,000
3	2	94,800,000	0.928122	87,986,000
4	3	94,800,000	0.894145	84,765,000
5	4	94,800,000	0.861411	81,662,000
6	5	94,800,000	0.829876	78,672,000
7	6	94,800,000	0.799495	75,792,000
8	7	94,800,000	0.770227	73,018,000
9	8	94,800,000	0.742030	70,344,000
10	9	94,800,000	0.714865	67,769,000
11	10	94,800,000	0.688694	65,288,000
12		毎年の純収益の現在価値の合計		776,625,000
13	10	1,440,000,000	0.688694	991,719,360
14			合計	1,768,344,360
15				≒1,768,000,000

　このオフィスビルは原価法で評価すると、一応17億6,000万円の価格の不動産であるが、10年後の不動産の価格は14億4,000万円になると予測してDCF法で収益価格を求めると17億6,800万円となり、積算価格とDCF法で求めた収益価格とほぼ等しい価格となった。

〈ケース2の場合〉

年	毎年の純収益	3.8%の複利現価率	現在価値
1	94,800,000円	0.963391	91,329,000円
2	94,800,000円	0.928122	87,986,000円

3	94,800,000円	0.894145		84,765,000円
4	94,800,000円	0.861411		81,662,000円
5	94,800,000円	0.829876		78,672,000円
6	94,800,000円	0.799495		75,792,000円
7	94,800,000円	0.770227		73,018,000円
8	94,800,000円	0.742030		70,344,000円
9	94,800,000円	0.714865		67,769,000円
10	94,800,000円	0.688694		65,288,000円
毎年の純収益の現在価値の合計				776,625,000円
10売却収入	1,458,000,000円	0.688694		1,004,115,852円
		合計		1,780,740,852円
				≒1,781,000,000円

　ケース2では10年後には不動産の価格は収益価格で決まると考え、11年目の純収益を6.5％の還元利回りで割って、10年後の不動産価格を14億5,800万円と求め、DCF法を適用した。この結果、DCF法で求める収益価格は17億8,100万円となった。

　設例のオフィスビルを原価法で査定すると、土地が14億円、建物が3億6,000万円、合計17億6,000万円である。DCF法を適用すると、ケース1の場合が17億6,800万円となり、ケース2の場合が17億8,100万円となった。原価法で求めている価格とDCF法のケース1で求められた価格はほぼ等しい価格となっている。

　なお、このケースはDCF法をわかりやすく説明するために想定した事例であり、収益価格は原価法で求めた積算価格とほぼ等しくなるように計算されている。
　しかし、日本のオフィスビルの場合、通常、収益価格は原価法で求める積算価格より低くなることがある。

2 比率法を適用して求める収益価格

　前記のオフィスビルの設例は、単純に判り易く説明するために、10年間の毎年の純収益を94,800,000円と同額で査定している。

　毎年の純収益が同じであれば、従来の比率法を適用してもDCF法で求めた価格と同じ結果が得られる。

　DCF法では将来のキャッシュフローを現在価値に割り戻すために割引率が使用されるが、比率法は純収益から不動産の価値を求めるために還元利回りが使用される。還元利回り（Ro）を求める公式は次のとおりである。

$$Ro = Yo - \varDelta o \times \frac{1}{Sn}$$

Ro　還元利回り
Yo　割引率3.8%
$\varDelta$o　不動産の価値の増減
$\frac{1}{Sn}$　償還基金率

　還元利回り（Ro）は割引率に将来のキャピタルゲインまたはキャピタルロスを考慮して求める比率である。

〈ケース1の場合〉

　　Yo　$= 3.8\%$

　　$\varDelta$o　$= \dfrac{1,440,000,000円 - 1,768,000,000円}{1,768,000,000円} = -0.185520$

　　$\dfrac{1}{Sn}$　$= 10年、3.8\%、償還基金率0.084066$

この場合、収益価格は1,768,000,000円と求められていた。10年後の売却収入は1,440,000,000円であると予測すると、10年間における不動産の減価率は－0.185520となって求められる。

10年後に－0.185520のキャピタルロスが見込まれる。このキャピタルロスを10年間における各年の純収益でカバーする必要があり、10年後のキャピタルロスを各年に配賦するために、年間0.084066の利回りが割引率に追加されて、還元利回りは0.053596となる。

還元利回りRoは次のように求められる。

$$
\begin{aligned}
Ro &= Yo - \Delta 0 \times \frac{1}{Sn} \\
&= 0.038 - (-0.18552) \times 0.084066 \\
&= 0.038 - (-0.015596) \\
&= 0.038 + 0.015596 \\
&= 0.053596
\end{aligned}
$$

還元利回りは0.053596となり、端数を四捨五入すると還元利回りRoは5.36％となる。

この還元利回りを適用して、比率法によりオフィスビルの収益価格を求めると、DCF法で求めた価格と同じ1,768,000,000円の価格となる。

$$
\begin{aligned}
不動産の価値V &= \frac{純収益NOI}{還元利回りRo} \\
&= \frac{94,800,000円}{0.0536} \\
&= 1,768,656,716円 \\
&\fallingdotseq 1,769,000,000円
\end{aligned}
$$

〈ケース2の場合〉

$Y_o = 3.8\%$

$\Delta o = \dfrac{1,458,000,000円 - 1,781,000,000円}{1,781,000,000円}$

$= -0.181359$

$\dfrac{1}{S_n} = 10年、3.8\%、償還基金率 0.084066$

　この場合、収益価格は17億8,100万円と求められていた。
　10年後の売却収入は14億5,800万円と予測していたので、10年間における不動産の減価率は−0.181359となる。
　この減価率を10年間の各年に配賦するには、次の試算式で示されているように、年間0.084066の利回りが必要となる。
　還元利回りは割引率0.038に、将来のキャピタルロス−0.181359を10年間の毎年分として配賦するために、償還基金率を適用する。10年、3.8％の比率 0.84066によって1年間の価値の減少分をカバーする。1年間の減少分は0.181358×0.084066＝0.015246と求められる。したがって、還元利回りRoは期待利回りYoの0.038に年間の減少分0.015246を加算して求める。

　還元利回りRoは次のように求められる。

$\begin{aligned}
R_o &= Y_o - \Delta 0 \times \dfrac{1}{S_n} \\
&= 0.038 - (-0.181359) \times 0.084066 \\
&= 0.038 + 0.015246 \\
&= 0.053246
\end{aligned}$

　還元利回りは0.053246となり、端数を四捨五入すると還元利回りRoは5.32％となる。

この還元利回りを適用して、比率法によりオフィスビルの収益価格を求めると、DCF法で求めた価格と少し差異が生じているが、ほぼ等しい価格となっている。

$$不動産の価値 V = \frac{純収益NOI}{還元利回りRo}$$

$$= \frac{94{,}800{,}000円}{0.0532}$$

$$= 1{,}781{,}954{,}887$$

$$\fallingdotseq 1{,}782{,}000{,}000円$$

　従来の収益還元法である比率法を適用する場合でも、還元利回りが適切な比率で求められると、DCF法で求めた価格と同じ金額を得られるということが上記のケース1およびケース2で求めた収益価格から判ると考える。
　しかし、同じ結論となったとしても、DCF法で求める収益価格の過程は比率法で求める過程と比較して、誰にでも理解され易い方法である。
　単純な設例を使用してDCF法により、不動産価値を求める過程を説明したが、なお比率法により求める収益価格とも関連づけて解説した。
　想定した設例でも毎年の純収益が同一金額であると仮定しているが、これはDCF法を簡単に説明するためであり、また比率法とも関連づけて説明することにより、DCF法と比率法の考え方が判るものと考えたためである。

第8章

建物価値の評価に係る問題点

本書は不動産DCF法を説明するために書かれているが、DCF法による評価方法は土地建物一体としての不動産の価値を正しく評価するための理論である。建物については特に限定しては説明されていないので、建物の評価について簡単に検討してみる。

1 │ 原価法で建物を評価する際の問題点

　日本でも土地を評価する際には、取引事例比較法を主に適用しているが、収益還元法の考え方も取り入れている。建物を評価する際には専ら原価法が使用されている。

　土地建物一体としての不動産を評価する場合、DCF法の適用が可能であるが、建物の価格を評価するためには、一般的に原価法が適用されている。

　建物を評価する際に収益還元法を適用するには土地残余法の使用が可能である。土地建物一体の不動産の純収益から土地に帰属する純収益を控除し、残余の純収益が建物に帰属する純収益である。この残余の純収益を還元して建物の収益価格を求めることが可能である。

　原価法は鑑定評価の3つの手法の1つであり、建物を評価するために正しく適用される時には問題は生じない。

　原価法を正しく適用するためには、まず建物の建築費を適正に測定することが必要であるが、この建築コストは比較的簡単に求められる。

　建物は建築時に最有効使用の状態であった建物でも、新築後の経過年数に応じて諸々の減価が発生してくる。建物は経過年数に応じて物理的に減価する。物理的要因による減価は、建物の経過年数に応じて損耗が発生し、建物の経済的な残存年数を短くするが、この物理的減価には修繕可能なものと、修繕が不可能なものがある。建物は経過年数に応じて物理的に減価が発生することは容易に理解できることである。

　しかし建物の価値を適正に評価するには、物理的要因による減価の他に

も建物の価値を低下させる要因がある。機能的要因による減価と外部的要因による減価がある。

　機能的減価は建物の機能上の能力、効率等が不適切になり生じる損失である。機能的減価要因は、建物が旧式化するか、あるいは現代の生活様式に適応できない部分が存在するために発生する減価である。建物は経過年数に応じて旧式化することにより簡単には修復できない部分があり、この旧式な建物による機能的減価要因は物理的要因よる減価以上に建物の経済的寿命を短縮する要因となる。

　外部的要因による減価は、建物自体の問題で発生する物理的減価、または機能的減価とは異なる減価要因である。

　外部的減価は細分類すると、地域的要因による減価と経済的要因による減価に分類される。地域的要因は、建物は地域に固定されており、移転は不可能であり、建物自体は特別な欠損がなくても発生する減価要因である。

　建物の所在する地域はかつて繁華な商店街であったが、現在は閑散とした街並みの商業地になることがある。建物の所在している地域の状況が変化することによって建物の本来の寿命以上に建物の価値を減少させることがある。

　経済的要因として考えられているのは、例えばかつての産炭地が炭鉱の閉鎖により地域の経済が崩壊したケースがあり、造船業、繊維加工業等の工場が外国に移転した結果、その地域の基幹産業が落ち込んで、その地域に所在している建物に価値がなくなることがある。

　建物の評価をする場合に、単に原価法のみで評価するものではなく、収益還元法と取引事例比較法も適用することも可能であるが、建物を評価する場合には原価法が最も適用し易い評価法である。したがって建物を適正に評価するためには原価法の理論をもっと詳細にかつ合理的に適用することが必要である。

　現在、建物を建築する技術は向上し、新築建物の品質は改善されている。一方、中古の建物は新築の建物と比較すると利用効率は劣り、機能的な減

価は大きなものとなっている。このため現存する建物の耐用年数は短縮化されている状況にある。特に鉄筋コンクリート造、鉄骨造の建物は老朽化が進んでいる。このような状況では建築後、経過年数が短い建物であっても改良して長期間使用するより取り壊して新しい建物を建築する傾向が見られる。

　一方、過疎化する地域にあっては中古建物が存在するとその建物に対する固定資産税と都市計画税の税額が建物の価値に対して過大な金額となり、その負担に耐えられなくなることがある。そのため建物を取り壊し更地化して青空駐車場とする方が有利となる現象が生じる。

2 ｜ 相続税、固定資産税、都市計画税の適正な課税

　不動産を所有していると、固定資産税と都市計画税が賦課される。不動産を相続する時には相続税を支払うことになる。これらの税金は不動産の価値に対して応分な金額を支払うことであれば、国民として当然の義務である。

　東京、大阪等の大都市では経済は活性化しており、不動産に対する需要も多く土地価格は値上りの傾向にある。経済が好調な地域においては不動産から得られる収入が大きいので固定資産税、都市計画税の負担はそれほど過重なものとは感じられないかも知れない。

　しかし、地方都市の経済は停滞しており、町の中心部には空地が多くなっている。地方都市の中心部にあった小売店舗は郊外の大型スーパーの店舗との競争に負け、閉店する店舗も多くなり、営業を続けていても採算面では悪化している。店舗、事務所ビルの空室率は増加し、家賃水準も低下する傾向にあり、採算性は劣る状況になっている。地方の経済状態は悪化している状況で、建物の所有者は不動産から得られる収入が少ないのに

多額の固定資産税と都市計画税を負担することは厳しいこととなっている。老朽化したビルで、賃貸収入が極端に悪化しても、なお固定資産税と都市計画税は高い評価額のままに据え置かれている状況である。特に鉄筋コンクリート造りの建物の評価額は高いままになっているため、まだ使用できる状態にある建物でも高い税金に耐えられず取り壊す現象が見られる。その結果、地方都市では中心部に空地が多くなり、青空駐車場として利用されるケースが多くなっている。

中古建物の評価についても、固定資産税と都市計画税は市町村が担当することになっているが、全国的には総務省が管理しているため、地方都市の現状を良く理解できず、建物の固定資産税と都市計画税は高額な金額のままとなっている。

土地の課税価格は原則として、地価公示価格、地価調査価格の70％で算定することになっている。

しかし、建物の評価額についてはその根拠は公表されていない。評価額の査定根拠は一切知らされていないため、納税者は何故このような高い固定資産税と都市計画税を負担しなければならないのか実態は判らない。

昔は鉄筋コンクリート造建物は半永久的に利用可能であると考えられていた。そのために建物の耐用年数も60年と長期で、かつ残存価値も20％が残ると定めて建物の評価をしているようである。

しかし、現在では鉄筋コンクリート造建物の寿命は40年から50年程度になっている。また、鉄筋コンクリート造建物は取り壊す際に多額の取り壊し費用が必要となる。鉄筋コンクリート造建物の所有者は建物の実際の価値よりも極端に高い税金を長期間支払わなければならない義務を負うことになっている。

同じく固定資産に相続税を課税する立場にある国税庁の場合、建物の評価方法は平成10年から変更されている。大きな改正点は耐用年数と残存価値に関する規定の変更である。

原則として法定償却の方法は定額法に変わり、耐用年数は大幅に短縮されている。
　堅固な鉄筋コンクリート造建物の耐用年数は60年から47年に変更されている。また、残存価格の定めも変更され残存価格は1円と定められた。建物の耐用年数の短縮と、1円まで償却できる規定に改正されているが、この改定は世の中の実態に合わせたものである。
　同じ建物に税金を賦課する官庁の間に、これほどの意識の差異があることは一般の国民には納得できないことである。
　固定資産税と都市計画税は市町村にとって、土地建物がある限り安定した税金であると考えているのかも知れない。
　納税者が納得できる合理的で経済的に計算された税金でなければ、不当な税金であると考えるようになり、監督官庁と市町村にたいする不信感は大きくなるであろう。

3 取引事例比較法と収益還元法による建物価値の評価

　建物の価値を評価するために現状では原価法のみが適用されている。しかし建物を評価する場合にも原価法の他に取引事例比較法と収益還元法の評価の三手法が適用できる。
　取引事例比較法が適用される対象となる建物は主に区分所有マンションの建物である。一戸の区分所有建物の一平方メートル当たりの価格を比較することによって区分所有建物の評価ができる。評価する区分所有建物の所在する地域に類似する地域内で建物の構造、様式、面積、経過年数の同じような区分所有建物の売買事例価格を得ることにより、一平方メートル当たりの価格を使用して比較検討することができる。こうして求められた価格が取引事例比較法によって求めた建物の比準価格である。

次に収益還元法を適用する場合には建物残余法が使用される。
　建物を評価する際に収益還元法を適用するには建物残余法が使用される。土地建物一体の不動産から土地に帰属する純収益を控除した残余の純収益が建物によって得られる純収益である。この純収益を還元して建物の収益価格を求めることが可能である。
　建物残余法を適用するためには土地の価値が取引事例比較法で求められた価格が信頼度の高いものであることが必要である。土地の価値が1億5,000万円で評価されていたと仮定する。土地に対する還元利回りはこの本の中で使われている割引率3.8％に将来の値下りの可能性を考慮して還元利回りに5.0％を採用する。
　建物の還元利回りは割引率3.8％に建物の残存耐用年数に応じた減価率を加算した率が建物の還元利回りである。建物の構造には建物の残存期間中使用可能な主体部分と、途中で取替えられる部分と大改修が必要な付帯部分とがある。建物の主体部分の残存年数が35年と査定され、付帯部分は15年で改修する必要が発生すると予測する。建物の費用の構成比率は主体部分が65％、付帯部分が35％として建物の減価率を算定する。

建物の主体部分	$0.65 \div 35$年	$= 0.018571$
建物の付帯部分	$0.35 \div 15$年	$= 0.023333$
		$= 0.041904$
	≒	0.042
建物の還元利回り	$0.038 + 0.042 =$	0.08

◎建物残余法に必要なデータ

不動産の純収益	20,000,000円
土地の価値	150,000,000円
土地の利回り	5.0％
建物の利回り	8.0％

建物の価値
不動産の純収益　　　　　　20,000,000 円
土地の純収益　　　　　　　　7,500,000 円　(150,000,000 円×0.05)
差引建物に帰属する純収益　　12,500,000 円

建物の価値　　　　　　　　156,250,000 円　(12,500,000 円÷0.08)
土地の価値　　　　　　　　150,000,000 円
不動産の価値　　　　　　　306,250,000 円
　　　　　　　　　　　　≒306,000,000 円

20,000,000 円÷306,000,000 円＝6.5%

建物残余法により求めた建物の収益価格は156,000,000円と査定された。

　土地に関する評価手法は随分進歩してきていると認められるが、建物に関する評価はあまり合理的に改善されていない。特に中古建物の評価はあいまいな状況にある。
　減価の手法は耐用年数による減価率と観察減価によって、新築建物の再調達原価から適当に減価修正をしている状態である。このような建物の評価では客観的に適正なものと認められない。

第9章

不動産の投資分析

第8章までは不動産の価値を求めるために、どのようにDCF法を適用するか説明した。
　次に不動産の収益価値を評価した結果、その不動産が多額の資金を投入して求めるだけの価値があるか否かを投資分析することが必要である。
　不動産の価値を測定するために、まずその不動産から保有期間中に得られる純収益と、将来その不動産を売却した時に得られる売却収入を予測してその不動産の収益価格を求める。求められた不動産の収益価格が不動産投資家の見地から分析して、不動産投資の対象として適切なものであるかを検討する。
　不動産の投資分析を行うために、DCF法を適用して求めた不動産の価格を検討する必要がある。
　不動産の投資家は不動産から収益を上げようとして収益用不動産を購入する。投資家は不動産の保有期間中に、毎年得られる賃貸収入から支出費用を控除した純収益を重要視するが、それとともに保有期間が終了した後、売却する際に投資した資金が確実に回収されるか否かを十分に考慮するはずである。
　不動産の投資分析は不動産に対する投資額と将来毎年計上されると期待できる純収益と将来売却するときに発生する売却益との関連によって、投資の成果を分析する。その際の分析の手法として、アメリカではNPV（Net Present Value）純投資価値を求める方法とIRR（Internal Rate of Return）投資収益率を求める方法が主に適用されている。
　不動産の収益価格は評価対象不動産から毎年計上されると期待できる純収益と将来売却する時に発生する売却収入を現在価値に割り戻した金額の合計額であるので、収益用不動産の現在価値を収益価格で求めるDCF法の考え方と現在の投資額から将来の純収益と売却益を予測した結果を分析する不動産投資分析の考え方は裏表の関係にある。
　収益価格を理解するためにも不動産の投資分析の考え方から関連づけて説明すると、より判り易いと思われる。

不動産投資分析の方法としてはNPV、IRRの他にも数種類ある。例えば不動産投資に投下した投資額を何年間で回収することができるかを求めるPayback Period の方法もある。しかしNPVとIRRが最も判り易い手法であり、これらの方法を紹介することとした。

次に不動産の投資分析を行うために必要な手法であるNPVとIRRについてケースを利用して具体的に説明する。

1 不動産投資の採算計算に利用する純投資価値 NPV

NPVは Net Present Value の略であり、不動産投資を検討する時に投資額と将来入金額の現在価値の合計額を比較する手法である。その不動産から得られる収入は投資家が求める投資利回りより有利であるかを判断する不動産投資の採算計算の方法である。

NPV純投資価値は次の公式で求められる。

NPV ＝ PWCF － CO
　　 ＝ Present Worth Cash Flow － Capital Outlay
　　 ＝ 将来入金額の現在価値の合計 － 投資額

NPVがプラスになれば、この不動産投資は投資家が希望している投資採算が得られ、マイナスになれば希望する投資利回りにならないことになる。

NPVはどのように計算するか設例によって説明する。

次の設例では投資収益率を5.0％で設定しているが、現状の借入金の金利および不動産投資家の手持ち資金に対して希望する運用利回りを考慮して決定した。また対象不動産を2億円で購入して10年間保有することを想定してNPVを求めてみる。

設例1 2億円の不動産投資を検討する場合

不動産の投資金額	2億円
投資予定期間	10年
1年目の純収益（NOI）	賃貸収入2,000万円から支払経費700万円を差引き1,300万円となる。
2年目以降の純収益	1年目の純収益1,300万円が5年後と8年後には少し減少すると想定し、純収益の予測を次の通りの金額で査定する。
10年目の売却予想額	1億8,000万円
投資家の希望する投資収益率	5.0％

〈投資予定期間の純収益の予測〉

(単位：千円)

年（年末）	純収益（NOI）
1	13,000
2	13,000
3	13,000
4	13,000
5	12,000
6	12,000
7	12,000
8	11,000
9	11,000
10	11,000
売却（10）	180,000

　1年目から10年目までの純収益と10年後の売却収入の予測額を5.0％の複利現価率で計算して現在価値を求め、それらの金額を合計して不動産の

収益価値を次のとおり求める。

(単位:千円)

年（年末）	純収益（NOI）	5.0%の複利現価率	現在価値
1	13,000	0.952381	12,380,953円
2	13,000	0.907029	11,791,377円
3	13,000	0.863838	11,229,894円
4	13,000	0.822702	10,695,126円
5	12,000	0.783526	9,402,312円
6	12,000	0.746215	8,954,580円
7	12,000	0.710681	8,528,172円
8	11,000	0.676839	7,445,229円
9	11,000	0.644609	7,090,699円
10	11,000	0.613913	6,753,043円
売却（10）	180,000	0.613913	110,504,340円
		現在価値合計	204,775,725円

$$NPV = PWCF - CFO$$
$$= 将来入金額の現在価値の合計 - 投資額$$
$$= 204,775,725円 - 200,000,000円$$
$$= 4,775,725円$$

〈Excelによる計算〉

年	毎年の純収益	5.0%の複利現価率	現在価値
投資額	−200,000,000		−200,000,000
1	13,000,000	0.952381	12,381,953
2	13,000,000	0.907029	11,791,377
3	13,000,000	0.863838	11,229,894
4	13,000,000	0.822702	10,695,126
5	12,000,000	0.783526	9,402,312
6	12,000,000	0.746215	8,954,580

7	12,000,000	0.710681	8,528,172
8	11,000,000	0.676839	7,445,229
9	11,000,000	0.644609	7,090,699
10	11,000,000	0.613913	6,753,043
10	180,000,000	0.613913	110,504,340
		合計	4,775,725
		NPV	4,775,725

D14		fx	=SUM(D2:D13)
	A	B	C	D
2				−200,000,000		−200,000,000
3	1	13,000,000	0.952381	12,380,953
4	2	13,000,000	0.907029	11,791,377
5	3	13,000,000	0.863838	11,229,894
6	4	13,000,000	0.822702	10,695,126
7	5	12,000,000	0.783526	9,402,312
8	6	12,000,000	0.746215	8,954,580
9	7	12,000,000	0.710681	8,528,172
10	8	11,000,000	0.676839	7,445,229
11	9	11,000,000	0.644609	7,090,699
12	10	11,000,000	0.613913	6,753,043
13	10	180,000,000	0.613913	110,504,340
14			合計	4,775,725
15				
16			NPV	4,775,725

Excelにより求めた数値は4,775,725円となった。

そこで、Excelによる計算を分解して求めてみる。

（1）10年間の賃貸収入の現在価値をまず求めてみる。

〈Excelによる計算〉

年	毎年の純収益	5.0％の複利現価率	現在価値
1	13,000,000	0.952381	12,380,953
2	13,000,000	0.907029	11,791,377
3	13,000,000	0.863838	11,229,894
4	13,000,000	0.822702	10,695,126
5	12,000,000	0.783526	9,402,312
6	12,000,000	0.746215	8,954,580
7	12,000,000	0.710681	8,528,172
8	11,000,000	0.676839	7,445,229
9	11,000,000	0.644609	7,090,699
10	11,000,000	0.613913	6,753,043
		合計	94,271,385
		NPV	94,271,385

（2）10年後の売却収入の現在価値

〈Excelによる計算〉

10年後の売却収入180,000,000円の現在価値は次の通り110,504,386円となった。

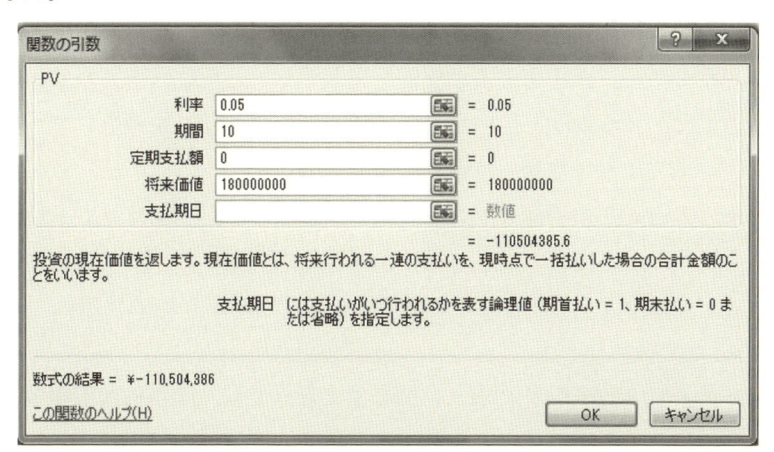

(3) 分解して求めた現在価値

10年間の純収益の現在価値は	94,271,385円
10年後の売却収入の現在価値は	110,504,386円
合計	204,775,771円

(4) 毎年の純収益と売却収入の現在価値

　10年間の純収益の現在価値を合計すると94,271,385円となり、これに10年後の売却収入の現在価値110,504,386円を合計すると、総額で204,775,771円となる。この金額は投資金額の200,0000,000円に対して4,775,771円多くなっている。

　Excelによる計算を1回で行うとNPVは4,775,725円と求められており、分解して求めた数値とほぼ一致している。

　設例を使用して2億円の不動産投資の将来の収入金額を想定してNPVを検討した結果、NPVは黒字となった。

　したがって、この不動産を2億円で購入し不動産投資を行っても5.0％の投資収益率は確保できるので、投資家の希望に合致していることが明らかである。

　将来の入金額の予測は難しいものであるが、不動産が所在する地域の経済状況を分析し、今後の経済の展開を予測するとともに、過去の不動産の賃貸市場における動向と近い過去の不動産価格の推移等を考慮して、将来10年間の収支予測を見積っている。

　将来の入金がこの予測のとおりになる保証はないが、現時点で不動産投資を分析する者が自分の経験と技術を最大限に利用して求めた予測であるならば、その投資分析は有効に利用できるはずである。

　次に将来10年間の毎年の収入は同じ額であっても、10年後に不動産を売却する価格の予想額が減少し1億4,0000万円になることを想定してNPVを

求めてみる。

　不動産は年数を経過するにつれて物理的に損耗し、また機能的にも利用価値が減少することが予測できる。

> **設例2**　**1の修正：10年後の売却収入が減少する場合**
>
> 　上記の設例で10年後の不動産の売却収入は1億8,000万円と予測したが、10年後には1億4,000万円に値下りすると考えた場合、この不動産投資の採算はどのように変わるか検討する。
>
> 　10年後に1億4,000万円となる売却予想額の現在価値をPVの関数で求めてみる。

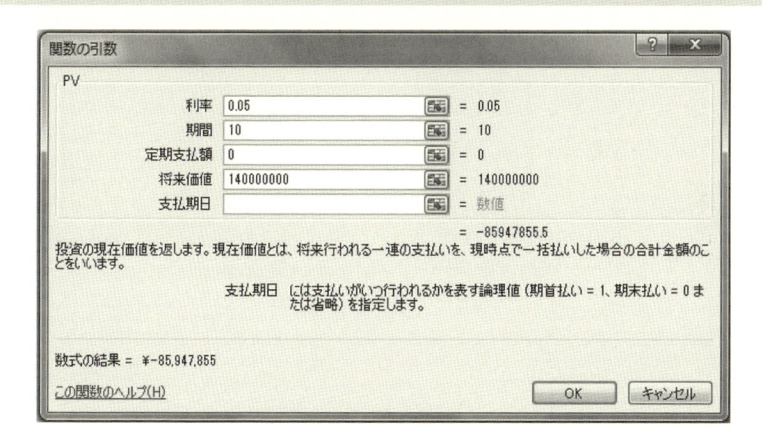

（関数の引数 PV ダイアログ：利率 0.05、期間 10、定期支払額 0、将来価値 140000000、支払期日 空欄　＝ -85947855.5、数式の結果 = ¥-85,947,855）

　10年間の純収益は現在価値は変わらないが、10年後に売却した場合の売却収入額が140,000,000円と値下りするケースを予測した結果、不動産の現在価値は以下のようになる。

10年間の純収益の現在価値は	94,271,385円
10年後の売却収入の現在価値は	85,947,855円
合計	180,219,240円

　設例の不動産を現在2億円で購入するとして、10年間の賃貸収入から得られる収入は同じであっても将来売却価格が1億8,000万円から1億4,000万円に下落する場合には、不動産の投資家が求める5.0%の投資収益率は難しいこととなる。

	A	B	C	D
1	年	毎年の純収益	5.0%の複利現価率	現在価値
2	投資額	-200,000,000		-200,000,000
3	1	13,000,000	0.952381	12,380,953
4	2	13,000,000	0.907029	11,791,377
5	3	13,000,000	0.863838	11,229,894
6	4	13,000,000	0.822702	10,695,126
7	5	12,000,000	0.783526	9,402,312
8	6	12,000,000	0.746215	8,954,580
9	7	12,000,000	0.710681	8,528,172
10	8	11,000,000	0.676839	7,445,229
11	9	11,000,000	0.644609	7,090,699
12	10	11,000,000	0.613913	6,753,043
13	10	140,000,000	0.613913	85,947,820
14			合計	-19,780,795
15				
16			NPV	-19,780,795

（単位：千円）

年（年末）	純収益（NOI）	5.0%の複利現価率	現在価値
1	13,000	0.952381	12,380,953円
2	13,000	0.907029	11,791,377円
3	13,000	0.863838	11,229,894円
4	13,000	0.822702	10,695,126円
5	12,000	0.783526	9,402,312円

6	12,000	0.746215	8,954,580円
7	12,000	0.710681	8,528,172円
8	11,000	0.676839	7,445,229円
9	11,000	0.644609	7,090,699円
10	11,000	0.613913	6,753,043円
売却（10）	140,000	0.613913	85,947,820円
		現在価値合計	180,219,205円

　計算した表の中で売却収入額のみを1億8,000万円から1億4,000万円に変更したとすると、売却収入の現在価値は85,947,820円となる。

　したがって、この不動産投資の結果得られる収入は5.0％の利回りは期待できないことを示している。

$$NPV = PWCF - CFO$$
$$= 将来入金額の現在価値の合計 - 投資額$$
$$= 180,219,205 円 - 200,000,000 円$$
$$= -19,780,795 円$$

　売却収入のみを1億4,000万円の金額に変えた場合、将来の入金額の合計は180,219,205円となるので、NPVは−19,780,795円の赤字となり、この不動産投資は投資家の求める5.0％の投資収益率は難しいことを示している。

> **設例3　修正後の2：10年後の売却収入が増加する場合**
>
> 　上記の設例で10年後の不動産の売却収入は1億4,000万円と大幅な値下りで予測した。
> 　しかし最近東京などの大都市では土地価格は値上りの傾向が見受けられるようになっている。そのため10年後の不動産価値が値上りすることも予想されるので、10年後には2億2,000万円に値上りすると考えた場合、この不動産投資の採算はどのように変わるか検討する。

10年後に2億2,000万円となる売却予想額の現在価値をPVの関数で求めてみる。

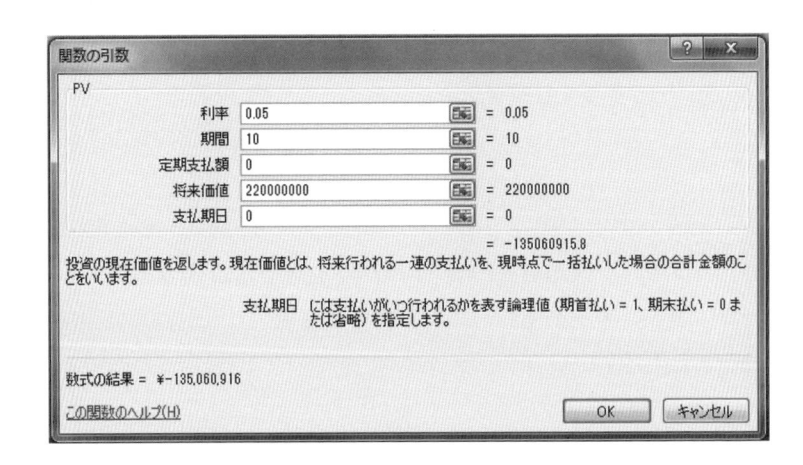

[Excelの関数の引数ダイアログ PV: 利率 0.05、期間 10、定期支払額 0、将来価値 220000000、支払期日 0、結果 = -135,060,916]

10年間の純収益は現在価値は変わらないが、10年後に売却した場合の売却収入額が220,000,000円と値上りするケースを予測した結果、不動産の現在価値は以下のようになる。

10年間の純収益の現在価値は	94,271,385円
10年後の売却収入の現在価値は	135,060,916円
合計	229,332,301円

設例の不動産を現在2億円で購入するとして、10年間の賃貸収入から得られる収入は同じであっても将来売却価格が2億2,000万円と値上りする場合には、不動産の投資家が求める5.0％の投資収益率を大きく上回る収益率となってくる。

第9章 不動産の投資分析

	A	B	C	D
1				
2	投資額	-200,000,000		-200,000,000
3	1	13,000,000	0.952381	12,380,953
4	2	13,000,000	0.907029	11,791,377
5	3	13,000,000	0.863838	11,229,894
6	4	13,000,000	0.822702	10,695,126
7	5	12,000,000	0.783526	9,402,312
8	6	12,000,000	0.746215	8,954,580
9	7	12,000,000	0.710681	8,528,172
10	8	11,000,000	0.676839	7,445,229
11	9	11,000,000	0.644609	7,090,699
12	10	11,000,000	0.613913	6,753,043
13	10	220,000,000	0.613913	135,060,860
14			合計	29,332,245
15				
16			NPV	29,332,245

（単位：千円）

年（年末）	純収益（NOI）	5.0%の複利現価率	現在価値
1	13,000	0.952381	12,380,953円
2	13,000	0.907029	11,791,377円
3	13,000	0.863838	11,229,894円
4	13,000	0.822702	10,695,126円
5	12,000	0.783526	9,402,312円
6	12,000	0.746215	8,954,580円
7	12,000	0.710681	8,528,172円
8	11,000	0.676839	7,445,229円
9	11,000	0.644609	7,090,699円
10	11,000	0.613913	6,753,043円
売却（10）	220,000	0.613913	135,060,860円
		現在価値合計	229,332,245円

10年後に不動産が値上りすると予測できるとすれば、5.0％の投資利回りで計算して現在価値を計算すると229,332,245円となり現在2億円で不動産を購入すると、10年後には大きな利益を得られることになる。

次に不動産の投資金額、投資予定期間、毎年の純収益、10年後の売却予想額が同じ条件であっても投資家が希望する投資収益率が4.0％であるならば、この不動産投資は投資家の条件に対して、どのようになるか検討してみる。

設例4　投資収益率を4％として検討する場合

不動産の投資金額	2億円
投資予定期間	10年
1年目の純収益（NOI）	賃貸収入2,000万円から支払経費700万円を差引き1,300万円となる。
2年目以降の純収益	1年目の純収益1,300万円が5年後と8年後には少し減少すると想定し、純収益の予測を次の通りの金額で査定する。
10年目の売却予想額	1億8,000万円
投資家の希望する投資収益率	4.0％

〈投資予定期間の純収益の予測〉

(単位：千円)

年（年末）	純収益（NOI）
1	13,000
2	13,000
3	13,000
4	13,000
5	12,000
6	12,000
7	12,000
8	11,000

9	11,000	
10	11,000	
売却（10）	180,000	

　1年目から10年目までの純収益と10年後の売却収入の予測額を4.0％の複利現価率で計算して現在価値を求め、それらの金額を合計して不動産の収益価値を求める。

　1年目から10年目までの純収益と10年後の売却収入の予測額を4.0％の複利現価率で計算して現在価値を求め、それらの金額を合計して不動産の収益価値を次のとおり求める。

(単位：千円)

年（年末）	純収益（NOI）	4.0％の複利現価率	現在価値
1	13,000	0.961538	12,499,994円
2	13,000	0.924556	12,019,228円
3	13,000	0.888996	11,556,948円
4	13,000	0.853804	11,112,452円
5	12,000	0.821927	9,863,124円
6	12,000	0.790315	9,483,780円
7	12,000	0.769918	9,1198,016円
8	11,000	0.730690	8,037,590円
9	11,000	0.702587	7,728,457円
10	11,000	0.675564	7,431,204円
売却（10）	180,000	0.675564	121,601,520円
		現在価値合計	220,453,313円

$$NPV = PWCF - CFO$$
$$= 将来入金額の現在価値の合計 - 投資額$$
$$= 220,453,313円 - 200,000,000円$$
$$= 20,453,313円$$

投資収益率を5.0％から4.0％に引き下げるとNPVは大幅に大きな金額となっている。5.0％ではNPVは4,775,725円であったが、投資収益率を1.0％引き下げるとNPVは20,453,313円と求められる。

　現状の経済状況においては不動産投資に大きな利益を期待することは難しいと認められ、投資収益率は4.0％で十分なのかも知れない。

　不動産投資家は不動産を取得する場合には将来の毎年の収益を検討するとともに、将来において売却する際に十分な利益を確保できるかも十分考慮する必要がある。不動産投資に当たってはNPVを試算した上で投資の可否を判断すると思う。

年	毎年の純収益	4.0％の複利現価率	現在価値
	−200,000,000		−200,000,000
1	13,000,000	0.961538	12,499,994
2	13,000,000	0.924556	12,019,228
3	13,000,000	0.888996	11,556,948
4	13,000,000	0.854804	11,112,452
5	12,000,000	0.821927	9,863,124
6	12,000,000	0.790315	9,483,780
7	12,000,000	0.759918	9,119,016
8	11,000,000	0.73069	8,037,590
9	11,000,000	0.702587	7,728,457
10	11,000,000	0.675564	7,431,204
10	180,000,000	0.675564	121,601,520
		合計	20,453,313
		NPV	20,453,313

第9章 不動産の投資分析

	A	B	C	D
			fx =SUM(D2:D13)	
2		-200,000,000		-200,000,000
3	1	13,000,000	0.961538	12,499,994
4	2	13,000,000	0.924556	12,019,228
5	3	13,000,000	0.888996	11,556,948
6	4	13,000,000	0.854804	11,112,452
7	5	12,000,000	0.821927	9,863,124
8	6	12,000,000	0.790315	9,483,780
9	7	12,000,000	0.759918	9,119,016
10	8	11,000,000	0.73069	8,037,590
11	9	11,000,000	0.702587	7,728,457
12	10	11,000,000	0.675564	7,431,204
13	10	180,000,000	0.675564	121,601,520
14			合計	20,453,313
15				
16			NPV	20,453,313

　NPVは不動産投資を検討する際に投資家が期待する収益率で将来のキャッシュフローを割り引いて求めた現在価値の合計額が投資金額に対してプラスになるか赤字になるかを試算して不動産投資を判断する手法である。
　NPVでは投資収益率と将来のキャッシュフローが予測できることにより、不動産の収益価格が求められ、投資金額との差額としてNPVが求められる。

　したがって不動産投資を検討する場合、将来の売却収入の予想額をどのように判断するかによって投資採算は大きく変わってくる。この点については、後で収益還元法を適用して収益価格を求める場合でも同じである。

　なお、NPV 純投資価値を求める数学的な公式は次のとおりである。

$$NPV = \frac{CF_1}{(1+i)_1} + \frac{CF_2}{(1+i)_2} + \cdots + \frac{CF_n}{(1+i)_n} - CFO$$

　収益価格を求める際に適正な割引率を査定する必要がある。不動産投資

家が不動産を購入するには何％の投資収益率を期待しているかを知ることにより、不動産市場から適切な割引率を推定することが可能となる。

2 不動産投資の投資収益率　IRR

　不動産の投資収益率IRRはNPVの考え方と根本的には同じである。
　HP12C等の計算器を使用する以前には複利現価率の数値表から計算していたので、この計算は複雑でありNPVが多く利用されていた。その後卓上計算器HP12Cを利用すると簡単に投資収益率IRRを求めることが可能となった。
　しかし現在はExcelが一般に普及した結果、Excelを利用して投資収益率IRRを求めることが普通となっている。
　不動産の投資分析を行うには投資収益率IRRがNPVと同様に一般的に利用されている。
　IRRについてNPVと同じように設例を使って説明する。

設例5　10億円の不動産に投資して5年間保有する場合の投資収益率IRR

不動産の投資金額　　　10億円
投資予定期間　　　　　5年
5年後の売却予想額　　 8億円
〈5年間の純収益の予測〉

（単位：千円）

年（年末）	純収益
投資額	−1,000,000
1	90,000
2	90,000
3	90,000

4	80,000
5	80,000
売却（5）	800,000

この設例により投資収益率IRRをExcelにより計算する。

	A	B	C
1		純収益	（単位千円）
2	投資額	-1,000,000	
3	1	90,000	
4	2	90,000	
5	3	90,000	
6	4	80,000	
7	5年目と売却(5)	880,000	
8	IRR	0.0501	

B8　=IRR(B2:B7,0.05)

　この不動産投資によって得られる投資収益率は5.01％となり、推定値の5.0％にほぼより近似した投資収益率となっている。
　投資収益率IRRはExcelによって簡単に求められるが、この計算を以前には複利現価率の数値表から複利現価率の数値を調べて何回か計算を繰り返して投資収益率を計算していた。
　ExcelでIRRを使用して求めると簡単に結果の数値が求められる。
　したがって上記で求めた投資収益率が本当に正しい数値であるか検証するために最も判り易い計算を行ってみる。
　10億円の不動産投資を行って求められる設例から、5年間の純収益と5年後の売却収入を4.5％の投資収益率（複利現価率）で現在価値を合計すると、1,020,649,000円となり、10億円の投資金額に対して20,649,000円が多くなり5.5％の利益は確保されていることが判明する。
　しかし、4.5％の投資収益率（複利現価率）で5年間の収入の現在価値を試算すると980,709,000円となりこの金額は10億円に対して19,291,000円が不足している。したがって設例の純収益と売却収入から得られる不動産

投資の結果、投資収益率IRRは4.5％と5.5％の中間となることは明らかである。

これらの数値から算術的にIRRを計算してみる。

年	純収益 （単位：千円）	4.5％の 複利現価率	現在価値 （単位：千円）	5.5％の 複利現価率	現在価値 （単位：千円）
1	90,000	0.956938	86,124	0.947867	85,308
2	90,000	0.915730	82,416	0.898452	80,861
3	90,000	0.876297	78,867	0.851614	76,645
4	80,000	0.838561	67,085	0.807217	64,577
5	80,000	0.802451	64,961	0.765134	61,211
売却収入	800,000	0.802451	641,961	0.765134	612,107
現在価値合計			1,020,649		980,709

投資収益率を4.5％とした場合にはNPVは10億円に対してプラスとなり、20,649,000円が希望する収益を上回っている。投資収益率を5.5％とした場合、NPVはマイナスになり10億円に対し19,291,000円が不足している。

したがって、この不動産投資によって期待できる投資収益率IRRの計算は算術的に次のとおり求められる。

$$\begin{aligned}
\text{IRR} &= 4.5\% + (1{,}020{,}649 - 1{,}000{,}000) \div \frac{1{,}020{,}649 - 980{,}709}{5.5\% - 4.5\%} \\
&= 4.5\% + 0.517\% \\
&= 5.017\% \\
&\fallingdotseq 5.02\%
\end{aligned}$$

複利現価率の数値は0.5％の間隔で求められているので、4.5％と5.5％の間の数値を計算すると5.02％となった。Excelで計算した投資収益率5.01％とはほぼ等しい比率が求められている。

収益用不動産に投資する場合、購入時点における投資利回りが重要にな

るが、ある程度の期間の将来純収益を考慮に入れ、かつ売却するとすれば売却時にどの程度の価格で処分できるかを十分に検討して、不動産投資分析を行うべきである。

現時点の純収益と投資額との比率である表面的な投資利回りのみを重視し、将来の売却時に売却損失が発生するような不動産投資は避けるべきであると考える。

設例6 10億円の不動産を5年間保有し、5年後に購入額と同額で売却できる場合の投資収益率IRR

不動産の投資金額　　　10億円
投資予定期間　　　　　5年
5年後の売却予想額　　　10億円

〈5年間の純収益の予測〉

(単位：千円)

年（年末）	純収益
投資額	−1,000,000
1	90,000
2	90,000
3	90,000
4	80,000
5	80,000
売却（5）	1,000,000

この設例により投資収益率IRRをExcelにより計算する。

	A	B	C
1		純収益	（単位千円）
2	投資額	-1,000,000	
3	1	90,000	
4	2	90,000	
5	3	90,000	
6	4	80,000	
7	5年目と売却(5)	1,080,000	
8	IRR	0.0865	

B8 =IRR(B2:B7,0.05)

　この不動産投資によって得られる投資収益率は7.26％となった。
　5年間の賃貸収益は、同額であっても5年後売却時の売却収入が変わる場合、投資収益率は8.65％と大幅に良くなっている。

　投資収益率IRRはある程度の期間を考えて、将来の収益額をも考慮した考え方であり不動産投資分析の効率を判断するために有効な方法である。
　なお、収益還元法のDCF法（Discounted Cash Flow Analysis）で求める公式と投資収益率IRRを求める公式は、求めるべき未知数の部分が異なるが同じ計算方式である。
　以上により投資収益率IRRを不動産投資分析に利用する考え方について説明したが、この考え方が　不動産の収益価格　で説明するDCF法による不動産の収益価格を求める手法の基礎となっている。不動産の投資分析の手法であるNPVとIRRについて簡単に説明をした。
　不動産投資分析は当然のことであるが、収益用不動産に対する投資を分析することになる。不動産投資家は、ある不動産に投資する場合に収益用不動産を取得するために支払われる投資額に対して将来十分な収益を得ることができるか否かを分析し検討すると思う。

第10章

投資家の投資持分に対する分析

「第9章 不動産の投資分析」では不動産全体の価値について分析を行い、不動産の収益価格を求めるとともに不動産全体としての投資効率について検討した。

しかし、不動産投資家は自己資金のみを利用して不動産に投資することは少なく、必ず金融機関からの長期借入金を利用して不動産を購入し、手元の自己資金をできるだけ効率的に運用するはずである。

投資家は金融機関から借入れすることにより自己資金を有効に利用できるとともに、長期借入金に対する支払利息を課税所得上の費用として、節税の効果をも同時に考慮して不動産投資を行っていると思う。

投資家が出資した投資金額が、有効に運用されるか否かを分析する必要がある。これが投資持分に対する投資分析である。

不動産の投資家が銀行からの借入金を利用し不動産を購入した場合、借入金の元利金を約定どおり返済することが絶対的に必要な前提である。

投資家が特に重大な関心を持って検討しているのは自己の投下資金に対する投資利回りの良否である。

不動産全体の価値は次の公式で示されることがある。

$V = V_m + V_e$

$V = $ 不動産全体の価値　Value

$V_m = $ 不動産の購入に当てられる借入金額 Mortgage Value

$V_e = $ 不動産投資に投下される自己資金 Equity Value

不動産投資においては、投資家に長期借入金を融資する金融機関および自己資金を使って不動産を購入する所有者が両者とも不動産の投資家となる。不動産投資家にとって投資家の出資持分 V_e（Equity Value）に対する投資収益率を測定することが最も重要な課題となる。

事務所ビルのモデルを利用して、不動産投資家の投資持分についての資金収支を予測し、投資家の立場から投資の収益性を分析する方法を説明す

る。

　投資家は不動産投資の収益性の良否を税引き前の資金収支で測定するとともに税引き後の投資収益率を常に考慮しているが、この章では税金までは分析の対象としていない。

　この章では、あくまでも投資家の自己資金に関して税引き前の不動産収益を考慮して投資持分に対する投資収益性について分析する。

　投資家の出資持分に対する資金の収入額は、不動産の純収益 Net Operating Income から、借入金の年間元利償還額を控除した残額 Pre-tax Cash Flow として求められる。

1　不動産投資家の投資持分を分析するための前提条件

　投資家は事務所ビルを50億円で不動産を購入すること想定し、不動産投資家の投資分に対する分析を行う。

　50億円の不動産投資に当たって自己資金の20％、10億円を運用する。残りの80％の40億円は金融機関から借り入れることとする。

不動産の購入総額	50億円
自己資金20％	10億円
借入金80％	40億円
借入金の条件	20年利3％期間20年毎月末元利金均等とする。

（1）毎年の借入金の元利金返済額

　40億円を金利3％、期間20年毎月末元利均等償還で借入れる場合、毎月の支払額は次の通り22,183,904円となり、年額は266,206,848円となる。

	A	B	C
1	PMT(償還基金率)	数式	
2	利率	=0.03/12	0.0025
3	期間	=20*12	240
4	将来価値	0	0
5	現在価値	4,000,000,000	4,000,000,000
6	支払期日		0
7	定期支払額	=PMT(C2,C3,C4,C5,C6)	-22,183,904

C7 =PMT(0.0025,240,4000000000,0,0)

毎年の元利返済額

22,183,904円×12月＝266,206,848円

(2) 10年後の借入金の残高

10年後の借入金の残高は上記の計算に続いてExcelで次のように求められる。

	A	B	C
1	CUMPRINC(元金の返済累計)	数式	
2	利率	=0.03/12	0.0025
3	支払回数	=20*12	240
4	現在価値		4,000,000,000
5	開始		1
6	終了	=10*12	120
7	支払期日		¥0
8	10年後の元金支払額		-1,702,596,020
9	10年後の元金残高		2,297,403,980

C8 =CUMPRINC(0.03/12,20*12,4000000000,1,10*12,0)

この不動産投資のために借り入れた40億円に対して、10年間、毎年元利金合計で2,662,068,480円支払う必要がある。10年間に支払った元金の返済額は1,702,596,020円であり、10年後に投資不動産を売却する時に残っている借入金の残高は2,297,403,980円となっている。

2 不動産投資家の投資持分に対応する資金収支（Cash Flow）

(1) 不動産の純収益と売却時の回収額

50億円で購入した事務所ビルを経営して得られる10年間の純収益と保証金の入金および事務所ビルを売却した時の資金の回収額を次の通りと想定する。

(単位：千円)

年	純収益	保証金	入金合計
1年	200,000	500,000	700,000
2年	200,000		200,900
3年	200,000		200,000
4年	190,000		190,000
5年	190,000		190,000
6年	190,000		190,000
7年	185,000		185,000
8年	185,000		185,000
9年	180,000		180,000
10年	180,000		180,000
計	1,900,000	500,000	2,400,000
売却（10）	4,500,000	−500,000	4,000,000

①売却時の回収額について

10年後の土地建物 一体としての不動産の売却による手取り価額を45億円と予測している。

②保証金について

保証金は、事務所ビルを売却する時にはテナントに一旦返却されるか、

買い主が入居者をそのまま引き継ぐ場合には売却による回収額から差し引かれるので、売り主の回収手取り額は少なくなる。

(2) 不動産の純収益と売却回収額から借入金の回収額を控除した資金収支差額

不動産から得られる毎年の純収益と保証金の入金額から借入金の元利返済額を控除した資金収支差額および売却時における入金額から売却時における借入金残高を控除して、不動産投資家の手元に残る資金収支残額を求めた。

年	入金額	借入金元利金返済額	差引資金収支差額
1年	700,000	266,207	433,793
2年	200,000	266,207	−66,207
3年	200,000	266,207	−66,207
4年	190,000	266,207	−76,207
5年	190,000	266,207	−76,207
6年	190,000	266,207	−76,207
7年	185,000	266,207	−81,207
8年	185,000	266,207	−81,207
9年	180,000	266,207	−86,207
10年	180,000	266,207	−86,207
計	2,400,000	2,662,070	−262,070
売却（10）	4,000,000	2,297,404	1,702,596

1年目は純収益と保証金の合計額が入金し、2年目から10年目までは毎年の純収益が入金額となる。借入金の元利金の返済額は毎年同じ金額である。

毎年の入金額から借入金の元利返済額を差し引いた金額が投資家が不動産を所有している期間における収入金額となる。

以上のとおり、この不動産投資による収入金額から借入金の元利返済額

を控除した資金収支差額が求められた。

　毎年度の差引資金収支差額は保証金が入金された初年度を除いて毎年赤字となっている。
　日本においては不動産の投資額に対し賃貸収入から得られる毎年の純収益は少額なため、投資家は借入金の元利金返済のため他の財源から資金を回さなくてはならないことになる。
　不動産投資家は、通常既に賃貸用不動産または収益事業を経営していて、資金収入を十分に確保している場合が多い。したがって、不動産投資を行った当初は単独の資金収支が赤字であっても、十分に耐えることができると認められる。

　10年後に不動産を40億円で売却すると予測する。
　10年間に返済した借入金の金額は、Excelの関数CUMPRINCで求められた通り、－1,702,596,020円である。
　10年後の借入金の残高は2,297,403,980円となる。

　　　　売却収入額　　　　借入金残高
　　4,000,000,000円－2,297,403,980円＝1,702,596,020円
　　　　　　　　　　　　　　　　　≒1,702,600,000円

　不動産の投資家は10年間持ちこたえられた時には、10年後に借入金残高を返済した後で17億260万円の金額を回収できることになる。
　不動産投資を開始した時の自己資金の投入額は10億円であった。
　また10年の投資期間中に合計金額2億6,207万円（差引資金収支差額の1年目から10年目までの合計額）の資金の持ち出しとなっていた。しかし10年間持ちこたえると10年後には17億260万円の手取り額となる。
　期間の利益を無視して、単純に、この不動産投資の資金収支差額を試算

してみる。

	（単位：千円）	
10年後の回収額	1,702,596	（約17億260万円）
当初の投資額	−1,000,000	
10年間の資金の持ち出し額	−262,070	
差引	440,526	（約4億4053万円）

　以上のとおり10億円の不動産投資を行った結果、10年間で4億4,053万円の利益を得ることになる。

3 不動産投資家が期待する投資利回りに対する検討

　不動産の投資家はある不動産を購入するか否かを検討する時に投資利回りの目標を持っていると思う。

　設例では借入金の年利率が3.0％として投資分析を行った。不動産に投資する場合には、安全確実な国債等の利回り以上の投資利回りを求めるはずである。

　最近は東京などの大都市では不動産の価格は値上りしているが、地域によって不動産価格が値下りの傾向にある。そのため将来の不動産価値の下落の恐れを考慮して安全に投資利回りを検討する必要がある。

　国債等の利回り0.1％に、不動産の値下り見込み率を年に3.0％および不動産経営の困難性2.0％を考慮した不動産投資の危険率5.0％をプラスした投資利回りが目標となる。不動産投資の投資利回りとして少なくとも5.1％は必要である。

第10章 投資家の投資持分に対する分析

$$\text{不動産の投資利回り} = \underset{\text{国債等の利回り}}{0.1\%} + \underset{\text{危険率}}{5.0\%}$$
$$= 5.1\%$$

　不動産の投資家がこの事務所ビルを購入する際に5.1％の投資利回りを要求しているとすれば、この不動産投資は投資家の希望する利回りになるか否かを当初純収益NPVによって分析する。

〈不動産投資家の資金収支と現在価値〉

年	資金収支差額 （単位千円）	割引率5.1％の 複利現価率 （単位千円）	現在価値
1	433,793	0.951475	412,743
2	－66,207	0.905304	－59,937
3	－66,207	0.861374	－57,029
4	－76,207	0.819576	－62,457
5	－76,207	0.779806	－58,647
6	－76,207	0.741965	－56,543
7	－81,207	0.705961	－57,330
8	－81,207	0.671705	－54,547
9	－86,207	0.63911	－55,096
10	－86,207	0.608097	－52,422
売却（10）	1,702,596	0.608097	1,035,345
			934,080

	A	B	C	D
		割引率5.1%の複利現価率		
	1	0.951475		
	2	0.905304		
	3	0.861374		
	4	0.819576		
	5	0.779806		
	6	0.741965		
	7	0.705961		
	8	0.671705		
	9	0.639110		
	10	0.608097		

数式バー: `=ROUND(1/(1+0.051)^A11,6)`

投資家の期待するNPV＝将来入金額の現在価値の合計
　　　　　　　　　－自己投下資金
　　　　　　　　＝934,080,000円－1,000,000,000円
　　　　　　　　＝－65,920,000円

　投資家の当資純収益NPVは65,920,000円の赤字となった。
　この不動産投資では投資家は10億円の資金を投資し5.1%の投資利回りを期待したが、希望する5.1%の投資収益率は得られないと分析される。

4 ｜ 不動産投資家の投資持分に対する投資収益率

　この不動産を購入するために不動産投資家は10億円の自己資金を投下している。この不動産投資では投資家の期待した投資利回り5.1%は得ることはできなかった。しかし何%の投資収益率IRRが得られるかを検討してみる。
　この事務所ビルは40億円の借入金の元利返済をする必要があるが、不動産から得られる毎年10年間の純収益と10年後に売却した場合の売却回収額からの手取り金額1,702,590,000円の収入が得られる。

この不動産投資によって何％の投資収益率IRRが得られるかを求めてみる。

投資収益率IRRをExcelによって求める。

	A	B	C	D
		fx	=IRR(B2:B12,0.05)	
1		入金額		
2		-1,000,000		
3	1	433,791		
4	2	-66,207		
5	3	-66,207		
6	4	-76,207		
7	5	-76,207		
8	6	-76,207		
9	7	-81,207		
10	8	-81,207		
11	9	-86,207		
12	10	1,616,389	(1,702,596-86,207)	
13	合計	440,524		
14	IRR	4.24%		

　この不動産投資では当初は10億円の資金を投資するが、10年後には1,702,596,000円の資金を回収することができる。投資期間の10年間は毎年資金の持ち出しであるが、この間の資金収支に耐えられると10年後には売却差額を得られることになり、この不動産投資の投資収益率は4.24％と計算された。

　不動産の投資家が期待する危険率5.0％を含んだ投資利回り5.1％より低い利回りとなっている。しかし投資収益率4.24％は国債等の金融資産の健全な運用利回りより、はるかに高くなって求められた。

　この事務所ビルの投資は安全確実であり、危険率を考慮する必要がないと投資家が判断すると、この不動産投資は実行する価値があると分析できる。

　この章では不動産投資をする投資家の出資持分（Equity）に対する資金収支分析を行った。事務所ビルに投資した場合の10年間の投資期間における各年度の資金収支差額を求め、次に売却時における回収額を求めた。

この投資家の出資持分が、投資家の期待利回りに適合しているか否かNPVにより投資家の投資分析をした。NPVの分析の結果に続き、投資持分の投資収益率IRRを求めて投資収益率による分析を行った。

　なお、この章では不動産投資が赤字の資金収支となったとしても、赤字の収益による節税効果を考慮するケースまでは検討していない。しかし、不動産投資を行った直後は、採算が赤字になっても他の収益から赤字分を控除できることもあり、不動産投資のメリットは節税効果を考慮することも必要である。

　しかし不動産投資にとって重要な問題は、自己の投下資金に対する投資収益率がどのようになるか分析することである。この章では投資家の投資持分（Equity）に対する考え方と投資持分の収益率について簡単に説明した。

　日本において不動産投資をした場合、長期間保有する傾向にある。特に企業が都市の中心部に不動産を所有している場合には、売却することは通常考えていない。

　不動産投資を継続して行うことにより、含み資産の価値が増加し、特別に危険な投資を行わない限り不動産の所有者は安定した経営を継続して行うことが可能となる。このような状態が日本の大都市における不動産の価値を増加させる要因となっていると考えられる。

あとがき

　2001年に出版した『図とケースでわかる不動産DCF法』では不動産の収益の計算は数値表を使用してDCF法の考え方と計算方法を説明していました。パソコンが広く普及し、日本で計算にはマイクロソフトのExcelが一般に利用されるようになりました。その結果、Excelの関数を利用すると簡単に不動産のDCF法による計算ができるようになりました。

　不動産の価値を適正なものとして測定するためには、理論的に正しく、かつ現実に利用し易い手法で不動産のDCF法を適用することが必要であります。したがって、13年前の本を全面的に改訂して、Excelの関数を適用し具体的なケースを利用して不動産の収益価格の計算を行うように変更しました。また、日本の経済状況は多少変わっております。現在の経済状況に適応させるように本の内容を少し修正しました。

　DCF法の手法は、不動産の評価のみに限りません。企業収益を分析することにより企業価値の評価にも適用が可能であります。企業の買収、あるいは合併の条件を判断する場合にも役に立つ手法であります。企業の将来の収益を予測してその収益を現在価値に割り戻して算定した金額に基づいて企業の価値を評価することが可能となります。

　アメリカでは土地建物一体の不動産の価値は土地より建物の価値が重視されて評価されます。土地建物の価値の構成比率をLand Improvement Ratioと言われますが、土地建物全体の不動産の価値のうちで、建物価値は土地の価値より大きくなっています。

　日本では土地の価値が高く建物の価値が低いので、建物の評価は重要視しておりません。特に東京、大阪等の大都市では土地価格が高いのでこの傾向は顕著です。

しかし日本でも地方都市では土地価格は全般的に低いので、土地建物の価値の構成比率が変わり、建物の価値が大きくなっているので、建物の価値を正確に評価することは重要となります。
　そのため、日本でも建物の評価を合理的に実施する必要があると考えて，第8章で建物の評価について一章を設けて書きました。
　1980年8月にヒューストンでアメリカの不動産鑑定士協会であるSREAの研修会コース101を初めて受けました。それから20年以上毎年数回2週間のコースをアメリカ各地で受けました。アメリカでの勉強は苦しいことも、楽しいこともありましたが有意義な時期を過ごせたと思います。
　今回、Excelを使用する不動産DCF法の解説書を出版できたことは私にとって非常に有難いことであります。この本が不動産の価値を適正に評価するために少しでも役立つことができれば幸いであります。

　東洋経済新報社の出版局編集部長、南翔二さんから今の時期にこの本を出版するように言われて一大決心をして書き直すことができました。
　実際に編集を担当して下さった渡辺智顕さんにもお世話になり、両氏のアドバイスによりこの本を出版できたことを感謝しております。

塚本　勲

【著者紹介】
塚本　勲（つかもと　いさお）
不動産鑑定士、公認会計士。
1962年慶応義塾大学商学部卒業。日本硝子株式会社、財団法人日本不動産研究所、監査法人日本橋事務所、デロイト・ハスキンズ アンド セルズ会計士事務所を経て不動産鑑定士・公認会計士事務所を開設。1985年SRA（Senior Residential Appraiser）取得。1987年SRPA（Senior Real Property Appraiser）取得。米国不動産鑑定士協会の会員であるとともに、1993年に不動産の鑑定人・コンサルタントとして最高の資格MAIも取得している。
米国不動産鑑定士の視点を生かした国内不動産の価格形成分析に定評がある。
著書に『これからの不動産価格はこう決まる』『図とケースでわかる不動産DCF法（初版・増補版）』（東洋経済新報社）、『不動産の収益価格と投資分析』（清文社）がある。

図解　［Excel対応］ケースでわかる不動産DCF法
2014年3月13日発行

著　者────塚本　勲
発行者────山縣裕一郎
発行所────東洋経済新報社
　　　　　　〒103-8345　東京都中央区日本橋本石町1-2-1
　　　　　　電話＝東洋経済コールセンター　03(5605)7021
　　　　　　http://www.toyokeizai.net/

ＤＴＰ…………アイランドコレクション
装　丁…………山田英春
印刷・製本……ベクトル印刷
編集担当………渡辺智顕
©2014 Tsukamoto Isao　　Printed in Japan　　ISBN 978-4-492-65459-0

本書のコピー、スキャン、デジタル化等の無断複製は、著作権法上での例外である私的利用を除き禁じられています。本書を代行業者等の第三者に依頼してコピー、スキャンやデジタル化することは、たとえ個人や家庭内での利用であっても一切認められておりません。
落丁・乱丁本はお取替えいたします。